CODE MILITAIRE,

CONTENANT

TOUS LES DÉCRETS

DE L'ASSEMBLÉE NATIONALE,

Sanctionnés ou acceptés par le Roi,

SUR l'Organisation des Armées de Terre et de Mer.

CINQUIÈME PARTIE.

A PARIS,

Chez DEVAUX, Imprimeur - Libraire, au Palais - Royal, n°. 181.

1792.

CODE DE L'ARMÉE DE TERRE.

LOI relative à la suppression des lieutenances générales, lieutenances de roi et majorités, du 21 septembre 1791.

L'ASSEMBLÉE NATIONALE, ouï le rapport du comité central de liquidation, et vu le décret du 20 février dernier, qui supprime les lieutenances générales, lieutenances de roi, majorités, qui n'obligeoient point à résidence, et dont on étoit pourvu, soit par brevet, soit par provisions, décrète qu'il n'y a pas lieu à rembourser les principaux desdits offices; mais que ceux qui les avoient acquis ou leurs représentans, doivent continuer à être payés des rentes qui leur avoient été attribuées pour gages, lesdites rentes faisant partie de la dette constituée de l'état, et ce, par les payeurs des rentes, et pour les sommes nettes pour lesquelles elles étoient employées dans les précédens états et payemens.

LOI relative aux ci-devant officiers des états-majors des places, du 22 septembre 1791.

L'assemblée nationale décrète que dans le cas où quelques-uns des ci-devant officiers des états-majors des places formeroient des demandes en indemnité, à raison des réparations ou changemens qu'ils pourroient avoir faits dans les bâtimens, jardins ou autres terreins dont la jouissance leur avoit été concédée à titre d'émolumens, ils seront tenus de s'adresser au commissaire du roi, chargé de la liquidation, lequel prendra l'avis des corps administratifs. Nulle indemnité ne pourra être accordée aux pétitionnaires qu'autant qu'il sera prouvé, 1°. que le gouvernement a autorisé les changemens ou réparations qu'ils ont faits; 2°. qu'après qu'il aura été constaté par les corps administratifs et par les agens militaires préposés à cet effet par le ministre de la guerre, que les objets auxquels ont été faits lesdits changemens ou réparations, en ont reçu une amélioration réelle : dans ce cas, si les pétitionnaires n'ont pas été dédommagés de leurs frais par le temps de leur jouissance, ils auront droit à une indemnité, laquelle pourra consister dans une prolongation de jouissance plus ou moins étendue, même avec des objets améliorés; mais le commissaire à la liquidation ne pourra proposer cette disposition pour des objets compris dans le nombre des propriétés nationales confiées au département de la guerre, sans le consentement du ministte de ce département.

LOI relative au transport des effets d'habillement, équipement, campement et autres du ressort du département de la guerre, et qui déclare résilié le bail fait à ce sujet au sieur Baudouin, du 24 septembre 1791.

L'assemblée nationale décrète que les marchés passés par le conseil de la guerre, le 2 mai 1789, au sieur Guillaume-Augustin Baudouin, pour l'entreprise des transports des effets d'habillement, d'équipement, de campement et autres du ressort du département de la guerre, pour celles des transports des effets et munitions d'artillerie, seront et demeureront résiliés, à compter du premier janvier prochain.

Renvoie au pouvoir exécutif pour déterminer le parti le plus avantageux à prendre pour cette partie de l'administration militaire, et la mettre suivant qu'il jugera convenable, en régie ou en entreprise.

Décrète que, soit qu'il y ait une

régie, soit qu'il y ait des entrepreneurs, les réglemens de la régie, ou les clauses de l'entreprise seront communiqués au corps législatif et imprimés :

Que si les transports sont donnés en entreprise, ils le seront par adjudication publique et au rabais, sans que jamais et dans aucun cas les entrepreneurs puissent réclamer d'indemnité, ni être reçus à compter de clerc à maître.

Renvoie au pouvoir exécutif les réclamations des commissaires généraux, chargés des transports militaires avant le sieur Baudouin, pour y être statué ainsi qu'il appartiendra.

LOI relative à la décoration militaire, du 26 septembre 1791.

L'assemblée nationale décrète 1°. qu'il ne sera plus exigé de serment de ceux qui obtiendront la décoration militaire, et que les formes usitées pour la conférer aux officiers à qui elle est due, aux termes de la loi, sont abolies.

2°. Que la décoration militaire et les lettres, en vertu desquelles un militaire sera autorisé à la porter, seront les mêmes pour tous les officiers, quelle que soit leur religion. Les lettres seront conçues dans la forme de celles annexées au présent décret.

3°. Que les officiers qui ne font pas profession de la religion catholique, apostolique et romaine, et qui auroient quitté le service, seront particulièrement susceptibles de la décoration militaire, pourvu qu'ils aient servi le nombre d'années fixé par la loi.

LA NATION, LA LOI ET LE ROI.

Lettre pour conférer la décoration militaire à

« Louis, par la grâce de Dieu » et par la loi constitutionnelle de » l'état, ROI DES FRANÇOIS, CHEF » SUPRÊME DE L'ARMÉE. Ayant trouvé

» que par les services que le sieur
» a rendus à l'état, cet
» officier étoit digne d'obtenir la dé-
» coration militaire, sa majesté lui
» accorde cette marque honorable de
» ses services, et l'autorise en consé-
» quence à la porter. Donné à
» le jour du mois d
» l'an de grâce mil sept cent quatre-
» vingt et de notre règne le
« *PAR LE ROI.* »

LOI relative à l'établissement d'une masse destinée à diverses dépenses de l'armée, du 27 septembre 1791.

L'assemblée nationale décrète ce qui suit :

ARTICLE PREMIER.

A compter du premier janvier 1791, il sera établi une masse de seize liv. dix sous par an, sur le pied du complet de l'armée, par chaque officier général de l'état-major, de l'artillerie, du génie, officier supérieur et autres, sous-officier et soldat de toute arme, chirurgien-major et aumônier, pour subvenir aux dépenses d'entretien, réparations, constructions ou augmentations des bâtimens faisant partie des logemens militaires;

A celles de leurs ameublemens et ustensiles,

Et aux dépenses résultant du loyer de maisons, dans les lieux où il n'y aura pas de logemens militaires pour y caserner les troupes de ligne, conformément à l'article VIII du titre V de la loi du 10 juillet 1791, concernant la conservation et classement des postes militaires.

II. Ladite masse servira également au payement en argent, du logement des officiers généraux de l'état-major, de l'artillerie, du génie, des officiers supérieurs et autres, des chirurgiens-majors et aumôniers, ainsi que des fonctionnaires militaires, pour leur tenir lieu de logement quand il ne pourra leur être fourni en nature, conformément à l'article XI du titre VIII de la loi ci-dessus.

III. Lesdits officiers généraux de l'état-major, de l'artillerie et du génie, les officiers supérieurs et autres, les chirurgiens-majors et aumôniers, et fonctionnaires, ne pourront jouir que d'un seul logement, soit en nature, soit en argent, dans la principale ville de leur résidence ou garnison, sauf le cas prévu par l'article suivant.

IV. Lorsque les officiers généraux de l'état-major, de l'artillerie et du génie, et les commissaires des guerres auront ordre de marcher avec les troupes, ou qu'ils seront employés dans des cantonnemens ou rassemblemens momentanés, le logement leur sera fourni en nature chez l'habitant.

V. Le ministre de la guerre sera chargé de proposer des réglemens en nature dont devront jouir les individus de chaque grade, lorsqu'ils seront établis dans les bâtimens militaires ou chez l'habitant, et les sommes qui seront également attribuées à chaque grade pour tenir lieu du logement, quand il ne pourra être fourni en nature dans les établissemens militaires.

LOI relative aux sous-lieutenans, du 28 septembre 1791.

L'assemblée nationale, après avoir entendu son comité militaire, décrète ce qui suit :

ARTICLE PREMIER.

Le mode provisoire de nomination aux emplois de sous-lieutenans dans l'armée, qui a été fixé par le décret du premier août 1791, n'aura son effet que pour les places actuellement vacantes, et pour celles qui viendront à vaquer d'ici au 15 octobre prochain ; à cette époque, les loix sur l'avancement militaire, auxquelles il avoit été momentanément dérogé, reprendront leur cours.

II. En conséquence, à dater du 15 octobre prochain, nul ne pourra être admis aux emplois de sous-lieutenant dans l'armée, qu'après avoir justifié d'une instruction et d'une capacité suffisante, en se soumettant à des concours et examens, ainsi qu'il sera dit ci-après.

III. Jusqu'à ce que le corps législatif ait statué sur la partie de l'institution publique militaire, et sur la forme définitive des examens qui en seront le résultat, il sera fait, à commencer du premier janvier prochain, par les examinateurs des corps du génie et de l'artillerie, dans le chef-lieu de chaque division militaire, et en présence des officiers-généraux employés dans les divisions des officiers supérieurs de la garnison, et de trois commissaires choisis par le directoire du département, des examens provisoires et publics, qui auront pour objet les principes de la constitution et les élémens de l'arithmétique, de la géométrie et de la fortification.

IV. Tous les citoyens François, depuis l'âge de seize ans jusqu'à celui de vingt ans accomplis, pourront se présenter aux examens, pourvu qu'ils soient de bonne conformation, et qu'ils puissent fournir des certificats de civisme, de bonnes mœurs et de bonne conduite, de leurs municipalités respectives.

V. Le nombre des aspirans qui pourront être admis chaque année par ces examens, sera déterminé d'après celui des emplois vacans dans l'armée ; le ministre de la guerre en donnera avis un mois à l'avance aux commandans de chacune des divisions militaires, lesquels seront tenus de lui faire parvenir directement la liste nominative des sujets admis, et le procès-verbal de l'examen signé par les officiers civils et militaires qui y auront assisté, ainsi que par les examinateurs.

VI. Le ministre de la guerre fera former, du rassemblement de toutes ces listes partielles, une liste générale qui sera rendue publique par la voie de l'impression, et sur laquelle devront être exclusivement choisis par le Roi, tous les sujets destinés à remplir les places de sous-lieutenans vacantes dans l'armée, autres que celles réservées aux sous-officiers.

VII. Les colonels seront autorisés à choisir sur cette liste les sujets qu'ils desireront présenter pour remplir les emplois de sous-lieutenans vacans dans les régimens ; mais, dans tous les cas, la liste de la date la plus ancienne devra être épuisée avant qu'on puisse en entamer une nouvelle.

VIII. Les concours et examens pour les corps de l'artillerie et du génie, continueront à avoir lieu dans les formes et aux époques accoutumées ; les sujets qui se présenteront pour la première fois à ces examens, seront néanmoins tenus d'être munis des mêmes certificats exigés ci-dessus, pour les examens de sous-lieutenans, et ils seront également interrogés sur les principes de la constitution.

LOI relative aux officiers des troupes de ligne, qui ont servi dans la garde nationale, depuis 1789, du 29 septembre 1791.

L'assemblée nationale décrète ce qui suit :

Le service de tous officiers de tous grades, retirés des troupes de ligne, qui ont servi dans la garde nationale depuis 1789 jusqu'aujourd'hui, leur sera compté pour les décorations et récompenses militaires en addition à leur service dans la ligne.

LOI du 30 septembre 1791.

L'assemblée nationale décrète ce qui suit :

TITRE PREMIER.

De la juridiction militaire.

ARTICLE PREMIER.

Les délits militaires consistent dans la violation définie par la loi du devoir militaire, et la loi détermine les peines qui doivent y être appliquées.

II. Aucun fait ne peut être imputé à délit militaire, s'il n'est déclaré tel par la loi.

III. Nul n'est exempt de la loi

commune et de la juridiction des tribunaux, sous prétexte de service militaire; et tout délit qui n'attaque pas immédiatement le devoir ou la discipline, ou la subordination militaire, est un délit commun, dont la connoissance appartient aux juges ordinaires, et pour raison duquel le prévenu soldat, sous-officier ou officier, ne peut être traduit que devant eux.

IV. Nul délit n'est militaire, s'il n'a été commis par un individu qui fait partie de l'armée. Tout autre individu ne peut jamais être traduit comme prévenu, devant les juges délégués par la loi militaire.

V. Si parmi deux, ou plusieurs prévenus du même délit, il y a un ou plusieurs militaires, et un ou plusieurs individus non militaires, la connoissance en appartient aux juges ordinaires.

VI. Si dans le même fait il y a complication de délit commun et de délit militaire, c'est aux juges ordinaires d'en prendre connoissance.

VII. Si pour raison de deux faits, la même personne est dans le même temps prévenue d'un délit commun et d'un délit militaire, la poursuite en est portée devant les juges ordinaires.

VIII. Lorsque les juges ordinaires connoissent en même temps, par la préférence qui leur est accordée, d'un délit commun et d'un délit militaire, ils appliqueront les peines de l'un et de l'autre si elles sont compatibles, et la plus grave si elles sont incompatibles.

IX. Le condamné a le droit de demander la cassation du jugement, et le commissaire-auditeur a le même droit ; mais la signification doit en être faite dans les trois jours qui suivent la lecture du jugement, dont on lui donnera copie s'il la demande ; et dans les trois jours suivans, la procédure et le jugement doivent être envoyés au greffe du tribunal de cassation, pour en prendre connoissance dans la forme et les délais prescrits à l'égard des jugemens criminels en général.

X. En cas de prévarication de la part des juges, l'accusé a le droit de les prendre à partie et de les citer au tribunal de cassation.

XI. Tout général en chef pourra, à la guerre, faire un réglement pour le maintien du bon ordre dans son armée, et ce réglement aura force de loi pendant la durée du commandement de ce général en chef.

XII. Les ordres de circonstances que donnera à la guerre un commandant en premier d'une troupe ou d'un corps détaché, auront force de loi pendant la durée de son commandement.

XIII. Les peines attachées aux délits prévus par le réglement du général en chef, ou les ordres de circonstances du commandant en premier, ne pourront être appliquées que conformément à la loi, si elles s'étendent sur la vie, ou sur l'honneur, ou sur l'état du prévenu, mais sans recours à la cour de cassation.

XIV. L'on sera censé être en temps de guerre, pour l'exercice de l'autorité accordée aux généraux en chef, aux commandans en premier, et pour l'application des peines, à raison du temps de guerre, après que la proclamation en aura été faite aux troupes; et en temps de paix, tout rassemblement de troupes campées, ou cantonnées pour former un camp, sera censé être en état de guerre.

XV. Il n'est pas dérogé, par les articles du présent décret, à l'article III de la loi du 22 septembre 1790, concernant la compétence des tribunaux militaires à l'égard des personnes qui suivent l'armée.

XVI. Par la dénomination de militaire, la loi entend tous les individus qui composent l'armée, sans aucune distinction de grade, de métier ou de profession.

TITRE II.

Des délits et peines.

ARTICLE PREMIER.

Tout soldat, tout sous-officier,

tout officier qui en cas d'alerte, d'appel ou de la générale, ne sera pas rendu à son poste au moment où la troupe prend les armes, pourra être puni d'une punition de discipline par le commandant de la troupe dont il fait partie, ou être soumis au juri d'accusation. Si le juri d'accusation trouve que les circonstances atténuent le délit, la punition en appartiendra au commandant de la troupe dont il fait partie ; et s'il est soumis au juri de jugement et déclaré coupable, et non excusable, la peine est en temps de guerre, d'être chassé du service.

II. Le militaire qui, à la guerre, ne se sera pas rendu à son poste, ou qui aura abandonné son poste pour songer à sa propre sûreté, sera puni de mort.

III. Le militaire qui, dans une place prise d'assaut, quittera son poste pour se livrer au pillage, sera puni de la peine exprimée par la proclamation du général qui aura commandé l'assaut.

IV. Tout soldat trouvé endormi

en faction ou en vedette, sera puni d'une punition de discipline par le commandant de la troupe dont il fait partie, à moins que des circonstances aggravantes ne déterminent le commissaire-auditeur à le traduire devant la cour martiale.

Dans le cas où le prévenu seroit traduit devant la cour martiale, et déclaré coupable, la peine est, en temps de paix, de trois mois de prison, et en temps de guerre, d'être puni de mort.

V. Tout commandant d'un poste, tout sergent d'un poste, ainsi que la sentinelle, qui sera convaincu d'avoir transmis de fausses consignes à la place de celles qu'il avoit reçues, sera puni de mort.

VI. Le commandant d'une patrouille qui sera convaincu d'avoir perfidement caché au commandant de son poste les découvertes qu'il aura faites, sera puni de mort.

VII. Le commandant d'un poste qui tairoit perfidement à celui qui le relève les découvertes essentielles qu'il auroit faites, soit par lui-même, soit par ses patrouilles, soit par toutes autres personnes relativement à la défense du poste, sera puni de mort.

VIII. Le commandant d'un poste qui aura cru devoir s'écarter de sa consigne, en sera responsable au commandant de la troupe dont il fait partie ; et si, traduit à la cour martiale, il est déclaré coupable, il sera puni de mort.

IX. Un soldat en sentinelle ou en vedette qui aura manqué à sa consigne, sera puni d'une punition de discipline, par le commandant de la troupe dont il fait partie, à moins que des circonstances aggravantes ne déterminent le commissaire-auditeur à le traduire à la cour martiale ; et s'il est traduit à la cour martiale et déclaré coupable, la peine est d'être puni de mort.

Tout soldat, sous-officier et officier qui aura quitté son poste sans la permission de son commandant, sera puni d'une punition de discipline ;

par le commandant de la troupe dont il fait partie, à moins que des circonstances aggravantes ne déterminent le commissaire auditeur à le traduire à la cour martiale ; et s'il est traduit à la cour martiale et déclaré coupable, la peine est d'être puni de mort.

XI. Tout soldat, sous-officier ou officier convaincu d'avoir communiqué le secret du poste ou le mot d'ordre à quelqu'un qui n'en devoit pas avoir connoissance, sera puni de mort.

XII. Tout militaire convaincu d'avoir insulté une sentinelle, de propos ou de geste, la peine est contre le simple soldat, d'un mois d'arrestation, de six semaines contre le sous-officier, et de trois mois contre l'officier.

Si l'insulte avoit été faite avec une arme quelconque, ou si elle consistoit en voies de fait, et que la sentinelle ne l'eût pas tué, le délinquant sera puni de mort.

XIII. Tout militaire convaincu d'entretenir

d'entretenir une correspondance dans l'armée ennemie, sans la permission par écrit du commandant de la troupe dont il fait partie, sera puni par ledit commandant, d'une punition de discipline ; et si sa correspondance est une trahison, il sera puni de mort.

XIV. Tout militaire qui aura passé les postes avancés de l'armée, ou qui sera sorti d'une place assiégée sans la permission du commandant de la troupe dont il fait partie, sera puni conformément au réglement du général de l'armée ou du commandant de la place.

XV. Tout militaire convaincu d'avoir été en maraude, sera puni conformément au réglement du général de l'armée.

XVI. Tout subordonné qui ne s'est pas conformé sur-le-champ à un ordre de son supérieur relatif au service militaire, sera en temps de paix puni de six mois de prison, et en temps de guerre, toute désobéissance formelle sera puni de mort.

XVII. Si un subordonné est convaincu d'avoir menacé son supérieur de la parole ou du geste, la peine est d'un an de fers contre le soldat, de deux ans contre le sous-officier ; et de deux ans de prison contre l'officier.

Si la menace a été accompagnée de quelque mouvement d'armes, la peine est contre le soldat de deux ans de fers ; contre le sous-officier, de quatre ans ; et contre l'officier, d'être cassé et de quatre ans de prison.

XVIII. Si un subordonné est convaincu d'avoir frappé son supérieur, la peine est contre le coupable d'être puni de mort.

XIX. S'il y a révolte contre les supérieurs, la peine de la désobéissance combinée, est, à l'égard de ceux qui l'ont suscitée, d'être punis de mort, et ceux qui l'ont partagée, d'être condamnés à dix ans de fers.

XX. Si la désobéissance combinée consiste en résistance d'inertie, la peine contre les moteurs de cette révolte est de cinq ans de fers ; et contre ceux qui ne seront pas rendus à la troisième sommation du commandant, la peine est de deux ans de fers.

XXI. En cas d'attroupement, les supérieurs commanderont qu'on se sépare et que chacun se retire ; et s'ils ne sont pas sur-le-champ obéis, ils nommeront ou désigneront ceux qu'ils jugeront être les auteurs de l'attroupement ; et si les désignés ne rentrent pas aussi-tôt dans le devoir, ils seront dès-lors déclarés chefs de révolte, et subiront la peine énoncée dans l'article XIX.

Si le rassemblement n'est pas dissous par le commandement fait au au nom de la loi, les supérieurs sont autorisés à employer tels moyens de force qu'ils jugeront bons sans préjudice des peines portées, et sans que les supérieurs puissent jamais être recherchés, ni inquiétés pour raison des moyens qu'ils auront employés pour que force demeure à la loi.

XXII. Dans le cas de la peine

de prison, par jugement de la cour martiale, le temps entier de la peine est distrait de celui du service.

XXIII. Celui qui volera l'argent de l'ordinaire de ses camarades, celui qui vendra ou qui mettra en gage, en tout ou en partie, ses armes ou son habillement, ou son fourniment, sera puni de deux ans de fers.

XXIV. Celui qui aura déserté en temps de paix et n'étant pas de service, sera puni de trois mois de prison ; s'il étoit de service, de six mois de prison, et s'il a déserté étant de faction, il sera condamné aux fers pour le temps qu'il aura encore à servir.

XXV. Celui qui aura déserté en temps de guerre, n'étant pas de service, sera condamné à dix ans de fers; s'il étoit de service, à vingt ans de fers; s'il étoit en faction, lors de la désertion, il sera puni de mort.

Et dans tous les temps et tous les cas, celui qui sera convaincu d'être auteur d'un complot de désertion, sera puni de mort.

XXVI. La loi accorde au militaire qui aura déserté, n'étant pas de service, et en temps de paix seulement, huit jours de repentir, pendant lesquels il peut revenir à ses drapeaux, ou prouver, par une déclaration authentique, que son intention est d'y revenir; et en ce cas, la peine ne sera que d'une prison d'autant de jours qu'il en aura été absent : mais s'il est arrêté pendant lesdits huit jours de repentir, il sera considéré et puni comme déserteur.

XXVII. La peine d'être chassé emporte la dégradation civique, et l'expédition du jugement tiendra lieu de congé absolu à celui qui aura été chassé.

XXVIII. Le roi sera prié de donner tous réglemens nécessaires pour l'exécution du présent décret, qui aura force de loi dans nos Colonies comme en Europe.

XXIX. Le juré d'accusation s'assemblera toujours dans le lieu où le délit aura été commis; lorsqu'il n'y aura pas d'emplacement, dans ce cas, il s'assemblera dans le chef-lieu de la cour martiale.

Le juré de jugement et la cour martiale s'assembleront toujours dans le chef-lieu de la cour martiale.

XXX. Dans le cas des articles XXII et XXV du décret du 22 septembre 1790, le nombre des jurés, soit d'accusation, soit de jugement, ne sera point augmenté en raison des co-accusés qui excéderont le nombre de six.

XXXI Les membres de la gendarmerie nationale prévenus de délits, seront juridiciables des tribunaux ordinaires; mais si le tribunal ordinaire décide que le délit dont le jugement lui eſt déféré, eſt purement militaire, l'accusé sera renvoyé devant la cour martiale.

XXXII. Dans ce cas, les jurés seront pris sur un tableau particulier formé des seuls officiers, sous-officiers et cavaliers de la gendarmerie nationale.

CODE DE L'ARMÉE DE MER.

LOI relative aux travaux du port du Havre, du 24 octobre 1790.

L'ASSEMBLÉE nationale, ouï le rapport de son comité des finances, a décrété :

ARTICLE PREMIER.

Il sera payé du trésor public aux adjudicataires des travaux du Havre, la somme de 90,000 liv. en trois paiemens de 30,000 liv. chacun ; le premier à la fin de novembre, le second à la fin de décembre, et le dernier à la fin de janvier.

II. 1°. Au moyen de ce paiement lesdits adjudicataires seront tenus de continuer le déblai du bassin d'Ingouville ; 2°. la partie de l'écluse de communication de l'ancien bassin au bassin d'Ingouville ; 3°. de faire les approvisionnemens nécessaires pour livrer en 1791 le nouveau bassin au commerce.

LOI concernant les emprunts faits sur les billets des régisseurs-généraux des vivres de la marine, du 3 décembre 1770.

L'assemblée nationale, sur le compte rendu par le rapporteur du comité des finances, des emprunts qui ont été faits sur les billets des régisseurs-généraux des vivres de la marine qui vont successivement échoir, et dont le montant s'élève à 3,600,000 livres, décrète que les emprunts dont il s'agit ne seront pas renouvelés ; défend de faire ou renouveler aucuns emprunts de ce genre à l'avenir ; ordonne que les billets fournis lors desdits emprunts seront remboursés sur le rapport que le comité de liquidation en fera incessamment à l'assemblée nationale; décrète que les intérêts desdits billets seront payés jusqu'au jour du remboursement sur le principal originaire des billets, et d'après la liquidation qui en aura été faite par le comité de liquidation.

LOI qui accorde provisoirement au ministre de la marine une somme de trois millions trois cents vingt-un mille neuf cents quatre-vingt-treize livres dix-sept sous, pour frais d'armement et autres y relatifs, du 6 décembre 1790.

L'assemblée nationale, ouï le rapport de son comité de marine, décrète qu'il sera mis à la disposition du ministre de ce département :

1. La somme d'un million soixante-sept mille livres, pour la dépense du mois de novembre, de l'armement décrété le 13 juin.

2. La somme de treize cents huit mille deux cents quatre-vingt-quatorze livres six sous huit deniers, pour la

dépense du même mois de novembre, de l'armement décrété le 4 septembre.

3°. La somme de cent quatre-vingt-neuf mille sept cents trente-cinq livres deux sous trois deniers, pour huit mois d'augmentation de solde accordée aux troupes de la marine, à compter du 1er mai dernier.

4°. La somme de cent dix-sept mille huit cents soixante-cinq livres treize sous un denier, pour la dépense des députés de la marine à la fédération générale.

5°. La somme de cent quatre-vingt-quinze mille cent livres, pour l'augmentation des dépenses occasionnées par l'armement en guerre des vaisseaux destinés pour les stations des îles d'Amérique.

6°. La somme de cent quarante-quatre mille deux cents douze livres un sou huit deniers, pour les dépenses faites pour le détachement du régiment de la Guadeloupe, arrivé de Tabago au Havre, et les envois extraordinaires ordonnés pour cette colonie.

7°. La somme de deux cents quatre-vingt-dix-neuf mille sept cents quatre-vingt-six livres treize sous quatre deniers, pour huit mois d'augmentation de solde accordée aux troupes des colonies, à compter du premier mai dernier.

Décrète que ces différentes sommes formant celle de trois millions trois cents vingt-un mille neuf cents quatre-vingt-treize livres dix sous, ne sont que provisoirement accordées, et sans entendre rien préjuger sur les états de frais d'armemens, et autres dépenses présentées par le département de la marine.

LOI relative aux pêcheurs des différens ports du royaume, et notamment à ceux de la ville de Marseille, du 8 décembre 1790.

L'assemblée nationale s'étant fait rendre compte des pétitions et mémoires des patrons pêcheurs de Marseille et autres pêcheurs étrangers établis dans cette ville et autres ports françois de la méditerranée ; ouï, ses comités de marine, de commerce et diplomatique, a décrété ce qui suit :

ARTICLE PREMIER.

Toutes les loix, statuts et réglemens sur la police et les procédés de la pêche, particulièrement les réglemens sur les faits et procédés de la pêche en usage à Marseille, autres que ceux du 29 décembre 1786, et du 9 mars 1787, seront provisoirement exécutés, l'assemblée se réservant, après la révision desdites loix, statuts et réglemens, de former un nouveau code des pêches; et attendu que l'on a renouvelé sur les côtes de Provence et de Languedoc, un procédé de pêche anciennement proscrit et sensiblement préjudiciable à l'industrie des pêcheurs et à la reproduction du poisson, ledit procédé connu sous le nom *de la pêche aux bœufs*, l'assemblée nationale confirme les défenses prononcées par les précédentes loix, sous les peines y portées.

II. Les pêcheurs catalans continueront à jouir, d'après les conventions subsistantes entre la France et l'Espagne, de la faculté de pêcher sur les côtes de France, et de vendre leur poisson dans les ports où ils aborderont, en se conformant aux loix et réglemens qui régissent les pêcheurs nationaux; en conséquence, lesdits pêcheurs catalans et autres étrangers domiciliés ou stationnaires à Marseille et sur les côtes de Provence, seront soumis, comme les nationaux, à la juridiction des prud'hommes dans les lieux où il y en a d'établies (celle de Marseille est maintenue), et obligés de se faire inscrire au bureau des classes, où il leur sera délivré un rôle d'équipage, contenant le nombre d'hommes dont sera armé chaque bateau pêcheur, ceux sous pavillon François pouvant être composés par moitié d'étrangers, et ceux sous pavillon d'Espagne pouvant aussi être composés par moitié de François.

III. Sont également soumis les pêcheurs catalans et autres étrangers comme les nationaux, au payement de la contribution dite *de la demi-part*, lorsqu'ils viendront vendre leurs poissons dans les marchés françois.

IV. La parité de charges et d'obligations entre les nationaux et les catalans, assurant aux uns comme aux autres une parité de droits dans l'exercice de leur possession, les pêcheurs catalans domiciliés à Marseille, jouiront en commun pour l'étendage de leurs filets, des terrains appartenant à la communauté des pêcheurs, seront appelés à ses assemblées et délibérations, et pourront être élus prud'hommes aux mêmes titres et conditions que les nationaux.

V. Les assemblées de la communauté des pêcheurs pour toutes les élections et pour la reddition des comptes de recette et de dépense de la communauté, seront tenus en présence d'un officier municipal, du procureur de la commune ou de son substitut, lequel aura le droit de requérir ce qu'il avisera pour constater l'authenticité des comptes, et parvenir à la liquidation des dettes de la communauté.

VI. Les délibérations de ladite communauté pour l'administration des revenus et les contestations qui surviendroient sur le fait des élections, seront soumises à la décision du directoire du district, et en dernière instance à celle du directoire du département.

VII. Tous les patrons pêcheurs, propriétaires d'un bateau monté de quatre hommes au moins, le patron et le mousse compris, ne pourront être soumis à aucun service public hors de l'enceinte du port et de la rade qu'ils habitent.

VIII. Le roi sera prié de donner ses ordres au ministre des affaires étrangères, pour concerter avec la cour d'Espagne les moyens d'attacher au service de l'une et de l'autre nation, les gens de mer françois et espagnols domiciliés ou stationnaires sur les côtes de France et d'Espagne.

IX. L'assemblée nationale prenant en considération la pétition de la ville de Cassis, pour le rétablissement dans son port de la juridiction des prud'hommes dont elle jouissoit anciennement, décrète que ladite juridiction y sera établie; et qu'il sera accordé sur les côtes de la méditerranée, de pareils établissemens à tous les ports qui en feront présenter la demande par les municipalités et corps administratifs des lieux.

LOI relative aux travaux à faire dans le port de Cherbourg, du 29 décembre 1790.

L'assemblée nationale, sur le rapport de son comité de marine,

Décrète que le trésor public versera provisoirement à Cherbourg une somme de cent mille livres, pour y être employée aux objets de nécessité indispensable et à proportion des besoins.

Que le ministre du département de la marine soumettra incessamment à l'assemblée les projets des travaux à faire dans ce port en mil sept cent quatre-vingt-onze.

LOI portant qu'il sera délivré au ministre de la marine une somme de 4,347,878 livres 3 sols 4 deniers, le tout provisoirement, et à la charge par lui d'en rendre compte, du 20 janvier 1791.

L'assemblée nationale, ouï le rapport de son comité de marine, décrète :

Qu'il sera mis à la disposition du ministre de ce département,

1°. La somme de six cents trente-cinq mille deux cents quatorze livres seize sous sept deniers, pour dépenses faites pendant l'année 1789 ;

2°. La somme de trois millions dix-sept mille sept cents huit livres six sous neuf deniers, pour dépenses faites pendant l'année 1790 ;

3°. La somme de six cents quatre-vingt-quatorze mille neuf cents cinquante-cinq livres, imputable sur l'exercice courant de 1791.

Décrète que ces différentes sommes, formant celle de quatre millions trois cents quarante-sept mille huit cents soixante-dix huit livres trois sous quatre deniers, ne sont que provisoirement accordées, sans entendre rien préjuger sur la distribution qui en est faite par le département de la marine, et sous l'obligation de rendre compte, mois par mois, et par exercice separé, de l'emploi desdits fonds, conformément au décret du premier septembre dernier.

LOI relative aux navires et autres bâtimens de construction étrangère, du 4 mars 1791.

L'assemblée nationale décrète ce qui suit :

L'importation des navires et autres bâtimens de construction étrangère, pour être vendus dans le royaume, sera prohibée ; lesdits navires et bâtimens ne pourront en conséquence jouir des avantages réservés à la navigation françoise, à l'exception toutefois de ceux desdits bâtimens qui, à la promulgation du présent décret, se trouveront être propriété françoise.

LOI qui confirme définitivement la juridiction des patrons pêcheurs de la ville de Cannes, département du Var, du 4 mars 1791.

L'assemblée nationale, en conformité de son décret du 9 janvier dernier, décrète que la juridiction des patrons pêcheurs de la ville de Cannes, district de Grasse, département du Var, est confirmée définitivement.

LOI relative aux officiers ci-devant attachés aux classes, qui ont été supprimés par un décret du 7 janvier, du 14 mars 1791.

L'assemblée nationale considérant que les officiers attachés aux classes qui ont été supprimés par un décret du 7 janvier, à compter du 1er. de ce mois, n'ont pu cesser leurs fonctions avant la connoissance officielle de ce décret, et ont été forcés à prolonger leurs frais de bureaux et d'établissement jusqu'au moment de la remise de leurs papiers; décrète que ces officiers seront payés de leur traitement jusqu'au 1er. avril, et que ce n'est que de cette époque que dateront les pensions de retraite qui leur seront accordées.

Décrète qu'il sera fait, en conséquence, un fond extraordinaire de 30,000 livres pour être mis à la disposition du ministre de la marine.

LOI relative à la pêche aux bœufs et à la traînée, et portant établissement de juridictions de prud'hommes et de patrons-pêcheurs à Saint-Tropès et à Cette, du 9 avril 1791.

L'assemblée nationale décrète ce qui suit:

ARTICLE PREMIER.

L'assemblée nationale, sur la pétition des patrons-pêcheurs des ci-devant provinces de Languedoc et du Roussillon, interprétant l'article II du décret du 8 décembre, confirme la défense portée par ledit décret, d'exécuter la pêche aux bœufs avec des filets dont les mailles seroient au-dessous de neuf lignes dans la partie inférieure, de dix lignes dans la partie moyenne, et de dix-huit lignes dans la partie supérieure; l'usage même de ces filets pour la pêche aux bœufs, et toute espèce de pêche à la traîne, ne pourra être permise depuis le premier avril jusqu'au premier juillet : dans toute autre saison de l'année, et en se conformant aux dimensions prescrites pour les mailles des filets, la pêche aux bœufs, celle à la traîne, pourront s'exécuter sur les côtes des ci-devant provinces de Languedoc et du Roussillon.

II. L'assemblée nationale décrète qu'il sera établi une juridiction de prud'hommes et patrons-pêcheurs dans le port de Saint-Tropès, à la charge d'y faire observer les mêmes loix, statuts et réglemens de juridiction des prud'hommes de Marseille.

III. La juridiction des prud'hommes établis dans la ville de Cette, sera commune à tous les pêcheurs du quartier des classes de la même ville ; et en conséquence, les patrons-pêcheurs des étangs ayant en propriétés leurs filets et barques de pêche montées de trois hommes au moins, *mousse* compris, concourront avec ceux de la mer aux places de prud'hommes, et jouiront des mêmes prérogatives énoncées dans le décret du 8 décembre dernier.

LOI relative au corps de la marine, des 22 avril et 1er. mai 1791.

L'assemblée nationale décrète ce qui suit :

ARTICLE PREMIER.

Pour l'exécution des précédens décrets, le corps de la marine est supprimé, et le mode de nomination pour la recréation de la marine sera fait, pour cette fois seulement, de la manière suivante :

II. Le corps de la marine françoise, entretenu par l'état-major, sera composé de

3 Amiraux.
9 Vice-amiraux.
18 Contre-amiraux.
180 Capitaines de vaisseaux.
800 Lieutenans.
200 Enseignes.
50 Maîtres d'équipages entretenus.
60 Maîtres canonniers entretenus.
36 Maîtres charpentiers.
36 Maîtres calfats.
18 Maîtres voiliers.

III. Le nombre des enseignes non entretenus ne sera point fixé.

IV. Le nombre des aspirans entretenus de la marine, sera fixé à trois cents.

V. Tous les officiers de la marine rouleront entre eux sans aucune distinction de département.

VI. La charge d'amiral de France est supprimée; et néanmoins les passeports, congés et autres expéditions qui sont actuellement signés par M. de Penthièvre, et qui seront signés en sa qualité d'amiral jusqu'au jour de la sanction, vaudront jusqu'au premier janvier 1792.

VII. Tous les grades non énoncés dans la précédente composition, et toutes les distinctions d'escadres actuellement existantes, sont supprimés, ainsi que les états-majors qui y sont attachés. Les fonctions attribuées à ces états-majors, seront exercées provisoirement par l'état-major de la marine dans chaque port.

VIII. Les amiraux, vice-amiraux et contre-amiraux seront choisis par le roi, parmi les officiers généraux actuellement existans.

Les officiers-généraux non compris dans cette promotion, conserveront leurs titres actuels et leurs appointemens.

Le tiers des places de contreamiraux sera laissé vacant, pour être rempli au choix du roi par les officiers actuellement capitaines de vaisseaux.

IX. Les cent quatre-vingt capitaines

taines de vaisseaux seront choisis parmi les capitaines de vaisseaux actuels, les capitaines de vaisseaux et directeurs de ports, les majors de vaisseaux, les officiers de ports ayant rang de majors, les lieutenans de vaisseaux plus anciens dans ce grade que quelques-uns des majors de vaisseaux des dernières promotions, et tous les officiers des classes qui seront dans le cas de concourir à cette formation ; d'après le décret sur les classes, ils seront choisis par le roi.

Le roi pourra accorder quatre de ces places à des marins des autres grades qui auroient rendu à l'état, pendant la guerre, des services distingués, restés sans récompense.

Ces choix seront faits sans égard à l'ancienneté, et devront porter sur les sujets le plus en état de servir.

X. Les officiers promus aux grades d'officiers généraux ou de capitaines de vaisseaux, conserveront le rang qu'ils avoient entre eux; et quant aux officiers des classes qui seront compris dans la nomination, on ne comptera que pour moitié le temps qu'ils auront servi dans les classes.

Les directeurs des ports, et officiers de ports, ayant rang de major, prendront rangde l'époque de leur brevet de directeur ou de major.

XI. Les lieutenans seront choisis parmi les lieutenans, lieutenans de port et sous-lieutenans actuels.

XII. Les lieutenans prendront rang les premiers, et conserveront entre eux celui qu'ils avoient.

Les lieutenans de port prendront rang parmi les lieutenans, de la date de leur brevet.

« A l'exception de ceux qui ont » été élevés au grade de lieutenans » depuis le 4 août 1789, lesquels ne » prendront rang que par ancienneté » de leurs services, ainsi que les sous- » lieutenans. »

XIII. Les sous-lieutenans qui completteront ce grade, seront nommés suivant le rang de leur ancienneté, qui sera déterminé par le temps de leur navigation sur les vaisseaux de l'état, et celui de leur activité de service dans les arsenaux en qualité de sous-lieutenans, enseignes, lieutenans de frégates, capitaines de flûtes, gardes ou élèves aspirans volontaires de la marine et premiers maîtres; on leur comptera de plus le temps de commandement des bâtimens armés en course, et pour moitié, celui de commandement des bâtimens particuliers au long cours.

XIV. Pourront aussi concourir à cette formation, les officiers des classes qui sont dans le cas énoncé par l'article XIV du décret sur les classes, conformément à la disposition de cet article.

XV. Le grade de sous-lieutenant est supprimé. La moitié des places d'enseignes entretenus, sera donnée aux sous-lieutenans qui ne sont point portés au grade de lieutenant, en exceptant ceux attachés au corps de canonniers-matelots qui conserveront leurs postes, et ceux qui n'ont point servi depuis qu'ils ont été faits sous-lieutenans; sur l'autre moitié restante, dix places seront réservées pour les maîtres entretenus, et le reste sera rempli au premier concours qui aura lieu incessamment.

XVI. Les sous-lieutenans actuels non compris dans la formation, conserveront les deux tiers de leurs appointemens, jusqu'au moment où ils rentreront en activité; il leur sera réservé un quart des places vacantes à l'avenir, d'enseignes entretenus, qui leur seront données sans concours et à l'ancienneté.

XVII. Le brevet d'enseignes de vaisseaux non entretenus sera donné en ce moment à tous les capitaines de navires reçus pour le long cours.

XVIII. A l'époque de l'établissement des écoles publiques, les colléges de marine de Vannes et d'Alais seront supprimés.

XIX. Le titre d'aspirant entretenu sera donné aux élèves et volontaires actuels qui n'ont pas completté les trois années de navigation; ne seront réputés volontaires que ceux qui ont servi ou servent en cette qualité sur les vaisseaux de l'état. Le surplus des places sera donné au concours qui aura lieu incessamment.

XX. Les élèves qui se retireront d'après la disposition de l'article précédent ayant quatre années de navigation, conserveront la moitié de leurs appointemens, jusqu'à ce qu'ils soient parvenus au grade d'enseignes entretenus. Cette demi-solde ne pourra néanmoins être payée pendant plus de trois ans.

XXI. Les capitaines et majors de vaisseaux qui ne voudront pas continuer leur service, ou qui ne seront pas compris dans la nouvelle formation, auront pour retraite, dans ce moment-ci seulement, les deux tiers des appointemens dont ils jouissoient, qui leur seront payés provisoirement sur les fonds de la marine, à moins que leurs services, d'après les règles fixées par le décret du 3 août dernier, ne leur donnent droit à un traitement plus considérable; et ceux qui auront dix ans de service dans leur grade, obtiendront en retraite le grade supérieur: pour completter les dix ans, on comptera pour moitié le temps fait dans le grade inférieur. Ils seront tenus de déclarer qu'ils veulent leur retraite, dans les quatre mois qui suivront la sanction du présent décret; et les officiers maintenant aux colonies, auront également quatre mois pour se décider, qui ne compteront que de l'époque de leur retour.

XXII. Le grade et le titre de pilote sont supprimés.

XXIII. Les maîtres pilotes actuellement entretenus auront le grade d'enseigne, et conserveront les appointemens dont ils jouissent, jusqu'à ce qu'ils soient faits enseignes entretenus.

XXIV. Les maîtres pilotes non entretenus auront le titre et le brevet d'enseigne non entretenu, et seront admis au concours sans égard à l'âge.

XXV. Tous les pilotes qui n'auront pas été faits enseignes, appelés dans la suite au service de l'état, y seront appelés en qualité de timonniers ou chefs de timonnerie, d'une paye égale à celle dont ils jouissoient à l'époque de leur suppression.

XXVI. Les officiers de la marine continueront de remplir leurs fonctions et de recevoir leurs appointemens actuels, jusqu'à l'époque de la formation nouvelle du corps de la marine.

LOI portant entre autres choses, que l'administration du pilotage de Dunkerque fera verser dans la caisse de la municipalité de la même ville, une somme de 50,000 liv., du 11 mai 1791.

L'assemblée nationale décrète ce qui suit :

ARTICLE PREMIER.

Que dans le délai de trois jours, à compter de la notification du présent décret, l'administration du pilotage de Dunkerque fera verser dans la caisse de la municipalité de cette ville, une somme de cinquante mille livres, faisant partie de celle qui existe dans la caisse du pilotage.

II. Le conseil général de la commune remettra à l'administration du pilotage, une obligation de pareille somme payable au premier janvier 1793, sans intérêts ; et les fonds nécessaires à ce remboursement seront prélevés sur ceux que la ville de Dunkerque sera autorisée à imposer, suivant le mode et dans la forme qui sera décrétée par l'assemblée nationale, pour subvenir aux dépenses particulières des villes.

LOI relative au payement d'une somme de cent cinquante mille livres, destinée pour le service du port de Cherbourg, du 12 mai 1791.

L'assemblée nationale, décrète qu'il sera mis sans délai à la disposition du ministre de la marine, une somme de cent cinquante mille livres, à compte des fonds demandés pour le service du port de Cherbourg, pendant l'année 1791.

Décrète, que sans s'arrêter aux réclamations faites par l'entrepreneur actuel de Cherbourg, les nouvelles adjudications, pour le rechargement et l'entretien des digues, seront faites au rabais, sauf audit entrepreneur, à se pourvoir pardevant qui il appartiendra, sur les indemnités qu'il réclame, s'il y a lieu.

LOI relative à la correspondance des grades du service de mer avec celui de terre, du 12 mai 1791.

L'assemblée nationale, ouï le rapport de son comité de la marine relativement à la correspondance qui doit exister entre les grades du service de mer et de celui de terre, décrète :

ARTICLE PREMIER.

Les officiers de la marine jouiront des mêmes honneurs et prérogatives que les officiers de l'armée de terre, dont les grades seront correspondans ainsi qu'il sera expliqué dans les articles suivans.

II. Le grade d'amiral correspondra à celui de maréchal-de-France.

III. Le grade de vice-amiral correspondra à celui de lieutenant-général.

IV. Le grade de contre-amiral correspondra à celui de maréchal-de-camp.

V. Le grade de capitaine de vaisseau correspondra à celui de colonel.

VI. Les deux cents premiers lieutenans de vaisseaux auront le grade de lieutenant-colonel, et correspondront avec ceux de terre.

VII. Les autres lieutenans auront le grade de capitaine; et néanmoins, ceux qui ont maintenant le grade ou le rang de major, prendront rang immédiatement après les lieutenans-colonels, et avant tous les capitaines.

VIII. Les enseignes entretenus et non entretenus, auront le grade et le rang de lieutenans.

LOI relative à la solde des officiers de mer, des 26 et 27 mai 1790.

L'assemblée nationale, ouï le rapport de son comité de la marine, relatif à la solde des officiers de mer, a décrété et décrète ce qui suit :

ARTICLE PREMIER.

Le traitement des officiers généraux sera :

Savoir :

Pour les trois amiraux, à trente mille livres chacun, ci . . . . 90,000 l.

Pour les neuf vice-amiraux, à quinze mille liv., ci 135,000

Pour les dix-huit contre-amiraux, à neuf mille liv, ci . . . . 162,000 l.

II. Ces traitemens seront payés annuellement et en entier.

III. Les traitemens des capitaines et lieutenans leur seront payés en entier pour leur temps de service à la mer, ou dans les arsenaux, mais pour moitié seulement lorsqu'ils ne seront pas de service ; et alors ils ne seront pas tenus à résider dans les départemens.

A l'égard des enseignes entretenus, ils seront toujours en activité de service ; en conséquence, ils jouïront en tout temps des appointemens qui vont leur être attribués.

Le traitement entier sera :

Savoir :

Pour les soixante premiers capitaines	6,000 l.
Pour les soixante suivans..	4,800.
Pour les soixante autres...	3,600.
Pour les deux cents premiers lieutenans	3,000.
Pour les trois cents suivans	2,400.
Pour les trois cents autres.	2,100.

IV. Le traitement des deux cents enseignes entretenus, leur sera payé en entier ; il sera pour chacun de douze cents livres.

V. Les enseignes non entretenus qui seront employés au service de l'état, jouiront pendant le temps de leurs services, des appointemens attachés au grade d'enseignes.

VI. Les aspirans entretenus auront pour traitement,

Savoir :

Ceux qui seront à leur troisième année d'entretien par mois. . . . . 45 l.

Ceux qui seront à la seconde année d'entretien 30

Ceux qui seront à la première année d'entretien 15

VII. Le traitement des maîtres entretenus leur sera payé en entier, et ils auront de plus un supplément par mois de service à la mer.

Le traitement annuel sera,

Savoir :

Pour les quinze premiers maîtres de manœuvres, de . . . 900 l.

Pour les vingt suivans, de . . . . , ... 780

Pour les quinze autres, de 660

Pour les vingt premiers maîtres canonniers 900

Pour les vingt suivans . . . 780

Pour les vingt autres . . . 660

Pour les dix-huit premiers

maîtres charpentiers 720

Pour les dix-huit autres . . 660

Pour les dix-huit premiers maîtres calfats 720

Pour les dix-huit autres . . 660

Pour les neuf premiers maîtres voiliers 720

Pour les neuf autres . . . 660

VIII. Tous les maîtres entretenus auront trente livres par mois de servive à la mer, pour supplément de solde.

Ce supplément sera augmenté pour chacun d'eux, en raison du temps de leur navigation en cette qualité, sur les vaisseaux de l'état ; savoir, après un an, de six livres ; après deux ans, de douze livres, et ainsi de six livres chaque année, jusqu'à ce que leur supplément s'élève en entier à soixante livres.

IX. Les traitemens de table et subsistances ne pourront être saisis que par ceux qui y auront fourni.

X. Le capitaine et l'état-major d'un bâtiment de l'état mis en armement seront suscepsibles d'obtenir une indemnité pour les avances faites par eux pour leur table, lorsque le bâtiment aura été désarmé sans être sorti du port, ou avant que d'avoir passé un mois en rade ou à la mer.

Cette indemnité sera réglée sur l'examen des dépenses faites, mais ne pourra jamais excéder un mois de traitement, y compris ce qui aura été payé pour le temps passé en rade ou à la mer.

Article additionel du 27 mai.

Les troupes attachées au département de la marine, recevront leur paye pour le trente-un de chaque mois, et ils ne seront payés en février, qu'à raison du nombre de jours dont ce mois est composé.

Ce décret aura son application à compter du 1er. mai 1790.

LOI relative aux travaux à faire au port de Dieppe, du 29 mai 1791.

L'assemblée nationale, après avoir entendu le rapport de son comité d'agriculture et de commerce, décrète ce qui suit :

Le roi sera prié d'ordonner qu'il soit pourvu aux réparations nécessaires et indispensables à l'entretien provisoire des jetées du port actuel de Dieppe, notamment de la tête de la jetée de l'ouest et de l'épi du petit Veules.

Sa majesté sera également priée de donner des ordres pour que le projet des travaux qui s'exécutent actuellement à Dieppe pour l'établissement d'une nouvelle passe, soit examiné de nouveau par une commission composée de plusieurs officiers de la marine et de plusieurs ingénieurs des ponts et chaussées ;

Laquelle commission entendra en présence de deux membres du département de la Seine inférieure, de deux membres du district de Dieppe, ou de leurs directoires et de la municipalité de la même ville, non seulement les marins et les habitans de la ville de Dieppe, mais un certain nombre de capitaines de navires des ports les plus voisins, qui seront appelés à cet effet; dont du tout sera dressé procès-verbal, afin que, sur le rapport avantageux que la commission fera du projet déja entrepris, les travaux de la nouvelle passe soient invariablement continués avec activité, ou qu'ils soient définitivement abandonnés, si, d'après le nouvel examen, il est jugé que ce projet ne doive pas être suivi.

Les travaux pour l'établissement de la nouvelle passe, seront suspendus jusqu'au résultat du rapport ordonné par le présent décret; et cependant jusqu'à la décision, il sera pourvu à l'entretien de ceux déja faits pour en empêcher le dépérissement.

LOI *relative aux pilotes, élèves, volontaires, lieutenans, enseignes & capitaines de vaisseaux, du 21 juin 1791.*

L'assemblée nationale, après avoir entendu son comité de marine, décrète ce qui suit:

ARTICLE PREMIER.

Les maîtres-pilotes non entretenus, ayant dix ans au moins de navigation sur les vaisseaux de l'état, recevront, lorsqu'ils ne seront point à la mer, une demi-solde égale à la moitié des appointemens dont ils jouissoient à l'époque de leur suppression, à charge par eux de résider dans les ports, pour y être employés au besoin du service.

II. Les premiers pilotes qui étoient dans le cas d'être faits entretenus pour remplir les places vacantes à l'époque de l'organisation militaire, seront traités, dans la formation prochaine, comme les entretenus.

III. Tous les pilotes faits enseignes, en vertu du décret d'application, seront appelés à partager avec les maîtres d'équipages et les maîtres-canonniers les places d'enseignes entretenus, réservées aux maîtres par les précédens décrets.

IV. Les seconds pilotes qui auront passé l'âge de trente ans, ne seront point exclus de se présenter au concours pour le grade d'enseigne entretenu.

V. Les élèves et volontaires de la marine, qui, ayant complété six années de navigation, avoient acquis, par l'ordonnance de 1786, le droit d'être faits lieutenans ou sous-lieutenans, seront appelés à concourir pour le grade de lieutenant, et pour les cent premières places d'enseignes-entretenus, avec les sous-lieutenans, à raison de leur ancienneté respective.

VI. Les lieutenans et les enseignes-entretenus seront embarqués à tour de rôle sur les vaisseaux et corvettes de l'état, excepté pour les commandemens en chef.

Les capitaines des vaisseaux de guerre auront le choix de deux lieutenans; et les commandans de frégates, d'un de ceux qui devront être dans l'état-major du vaisseau.

Seront exceptées de cette règle les campagnes extraordinaires par leur objet ou par les difficultés qui peuvent les accompagner. Le choix des officiers sera entièrement laissé au commandant.

VII. Tous les enseignes non-entretenus, jouissant, pour cause de réforme, d'un traitement ou demi-solde quelconque, seront appelés à servir sur les vaisseaux de l'état au défaut des enseignes-entretenus, et de préférence à tous les autres enseignes.

LOI portant que le trésor public fournira 217,000 liv. pour les travaux militaires du Havre-de-Grace, du 22 juin 1791.

L'assemblée nationale décrète qu'il sera fourni par le trésor public la somme de 217,000 liv. pour les travaux militaires du Havre-de-Grace, et que cette somme sera fournie, par égale portion, de mois en mois.

LOI portant que le trésor public fournira 600,000 liv. pour la construction des ports de l'isle Pelée, de Querqueville et du Hommet à Cherbourg, du 22 juin 1791.

L'assemblée nationale décrète, qu'il sera fourni par le trésor public, et en portions égales, de mois en mois, la somme de 600,000 liv., pour la construction des ports de l'isle Pelée, de Querqueville et du Hommet à Cherbourg.

LOI sur l'organisation d'une cour martiale maritime, du 20 septembre 1790.

L'assemblée nationale décrète ce qui suit :

TITRE PREMIER.

Cour martiale maritime et sa composition.

ARTICLE PREMIER.

Il sera établi dans chacun des ports de Brest, Toulon, Rochefort et l'Orient, une cour martiale maritime, qui sera composée d'un grand juge et de deux assesseurs. L'ordonnateur fera les fonctions de grand juge ; le plus ancien des capitaines de vaisseaux qui se trouveront dans le port, et le plus ancien des chefs d'administration, feront celles d'assesseurs.

Sa compétence.

II. Les cours martiales établies par l'article précédent, prononceront sur tous les délits commis dans les arsenaux, et sur tous ceux relatifs au service maritime, commis par les officiers d'administration et tous autres employés dans le département de la marine, autres que les délits de police simple et de police correctionnelle.

III. Elles prononceront également sur tous les délits militaires commis à terre par les officiers de la marine militaires, et par les officiers, sous-officiers et soldats des troupes de la marine. Les équipages des bâtimens en armement, seront également soumis à leur juridiction pour les délits commis relatifs au service maritime, jusqu'au moment de la mise en rade, et au désarmement depuis la rentrée dans le port, jusqu'au licenciement de l'équipage.

IV. La cour martiale ne prononcera que sur le rapport d'un juré.

V. Il y aura dans chaque port un commissaire-auditeur. Le commissaire-auditeur sera à la nomination du roi. Les conditions de son admissibilité seront pour l'avenir les mêmes que celles exigées pour le commissaire du roi dans les tribunaux de district.

VI. En cas d'absence ou d'empêchement, l'ordonnateur sera remplacé par celui qui est appelé par la loi à remplir ses fonctions ; le plus ancien capitaine de vaisseaux et le chef d'administration, par ceux de leur grade qui suivront immédiatement ; et le commisssaire-auditeur, par le chef de la gendarmerie nationale maritime.

VII. La cour martiale aura un greffier, qui sera également attaché au conseil d'administration et à la gendarmerie nationale maritime : il sera à la nomination du roi.

VIII. Le juri sera composé de sept jurés, dont quatre de grade supérieur à celui de l'accusé, et trois de grade égal ou état correspondant.

A défaut de personnes du grade de l'accusé, il en sera pris dans les grades supérieurs ; et à défaut de personnes des grades supérieurs, on prendra dans le grade ou état de l'accusé, et ensuite dans le grade inférieur.

IX. Les jurés seront indiqués en nombre double de chaque grade, et l'accusé proposera ses récusations, conformément à la loi du 22 août 1790.

X. Lorsqu'il y aura plusieurs accusés, le nombre des jurés indiqués sera de huit, de grade supérieur à tous les accusés, et de six jurés de plus pour chacun des accusés, pris dans le grade ou état respectif de chaque accusé.

XI. La récusation sera faite par les accusés, ensemble ou séparément, de manière qu'il reste toujours quatre jurés de grade supérieur, et trois des autres grades.

Si la récusation est faite séparément, chaque accusé, en commençant par le plus jeune, récusera tour-à-tour un juré, jusqu'à ce qu'il en reste quatre de grade supérieur et trois des autres grades.

XII. Les forçats sont exceptés des dispositions précédentes ; ils seront jugés sans jury sur la poursuite du commissaire-auditeur, par la cour martiale.

Le commissaire-auditeur instruira les procédures, et donnera ses conclusions.

Forme de procéder.

XIII. Chaque commissaire-auditeur recevra les dénonciations qui lui seront faites par les chefs, ou par toutes autres personnes, de tout délit prétendu commis dans les arsenaux, et des délits relatifs au service, commis par les militaires et tous autres agens du département de la marine en exercice de fonctions. Il aura soin d'exiger du dénonciateur la déclaration circonstanciée des faits, la remise des pièces servant à conviction, et l'indication des témoins qui peuvent servir à la preuve. La dénonciation sera signée par le dénonciateur, s'il sait signer ; et s'il ne sait pas signer, par deux témoins, en présence desquels elle devra être faite en pareil cas.

XIV. Le commissaire - auditeur sera tenu de rendre plainte de tous les délits prétendus commis dans les arsenaux, et de ceux commis par les employés du département de la marine dans l'exercice de leurs fonctions, dans les 24 heures qu'il en aura eu connoissance par voie de dénonciation, par la clameur publique ou autrement; comme aussi de constater immédiatement par procès-verbal, le corps et les circonstances du délit, s'il a laissé des traces permanentes.

XV. Le commissaire-auditeur qui aura connoissance de tous les délits relatifs au service maritime, commis hors de son arrondissement, sera tenu d'en avertir, sans aucun délai, celui de ses confrères dans l'arrondissement duquel ces délits passeront pour avoir été commis, et de lui envoyer tous les renseignemens qu'il aura pu se procurer, notamment copie de la dénonciation, s'il en a reçu une.

XVI. Sera pareillement tenu le commissaire-auditeur qui aura connoissance d'un délit civil commis dans son arrondissement et hors de l'arsenal, d'en avertir immédiatement tel magistrat civil qu'il appartiendra, du lieu dans lequel ce délit passera pour avoir été commis, et de lui envoyer tous les renseignemens qu'il aura pu se procurer, notamment copie de la dénonciation, s'il en a reçu une.

XVII. Le commissaire-auditeur qui sera dans le cas de porter une plainte, la dressera par écrit, faisant mention du dénonciateur, s'il y en un; il la communiquera au major-général de la marine, si les accusés sont militaires, ou au contrôleur du port, si l'accusé est agent de l'administration ou employé dans le port, et requerra l'indication d'un jury; il requerra en même-temps du grand juge, l'ordonnance nécessaire pour l'instruction et le jugement.

XVIII. Le commissaire-auditeur, lorsqu'il aura constaté par procès-verbal le corps du délit et les principales circonstances, pourra faire arrêter et constituer prisonnier l'accusé, s'il ne l'est pas déja en vertu des ordres de ses chefs, et des règles de la discipline militaire, ou de la police des arsenaux : s'il l'est, il le fera écrouer sur le registre de la prison; en même-temps il lui fera donner copie certifiée par le greffier, de la plainte et du ptocès-verbal, ou des procès-verbaux qui auront été dressés en éxécution de l'article XIV. L'accusé sera pareillement averti qu'il lui est libre de prendre ou de demander un conseil.

XIX. La prison dans le port, ou les fers sur les vaisseaux, sont une punition militaire pour les fautes de discipline; mais par rapport à l'homme prévenu ou accusé d'un délit, ils ne sont plus qu'un moyen de sûreté; ainsi les chefs qui feront emprisonner quelqu'un comme prévenu d'un délit, ne pourront, sous aucun prétexte, aggraver sa détention, en y ajoutant une espèce de peine ou de privation qui ne seroit pas indispensable pour s'assurer de sa personne.

XX. Le lieu, le jour et l'heure auxquels le grand juge et ses assesseurs, ou leurs suppléans, devront tenir la cour martiale, seront fixés par l'ordonnance du grand juge. Elle portera réquisition au major général de la marine ou au contrôleur d'y faire trouver les jurés, et à l'auditeur d'y produire ses témoins, et d'y faire amener l'accusé ou les accusés. La cour martiale se tiendra toujours le matin.

XXI. L'ordonnance du grand juge sera communiquée au major-général ou au contrôleur, par le commissaire-auditeur, et notifiée à sa diligence, tant à l'accusé qu'aux témoins.

XXII. Les témoins qui ne comparoîtront pas, et qui ne feront pas proposer d'excuse légitime, seront cités une seconde fois à leurs frais; et s'ils ne comparoissent pas cette seconde fois, ils seront, en vertu de l'ordonnance du grand juge de la cour martiale maritime, appréhendés au corps, amenés et condamnés aux frais de leur arrestation et conduite, ainsi qu'à une amende qui ne pourra pas être moindre de la valeur d'une demi-once, ni plus forte que la valeur d'un marc d'argent.

XXIII. Au jour et à l'heure indiqués par l'ordonnance du grand juge, lui et ses deux assesseurs, le commissaire-auditeur, le greffier et toutes les personnes désignés pour le jury, se rendront dans une des salles de l'arsenal où se tiendra la cour martiale, les portes ouvertes, en présence de tous ceux qui voudront y assister.

XXIV. Le grand juge prendra sa place à l'extrémité de la table disposée à cet effet. Ses assesseurs seront à ses côtés; près d'eux sur la gauche, le commissaire-auditeur ayant à côté de lui le greffier: les personnes désignées pour le jury se rangeront à droite.

XXV. Le grand juge annoncera l'objet de la tenue de cette cour martiale, pour juger l'accusation portée contre tel ou tel, à qui on impute tel délit. Il ordonnera de suite que l'auditeur produise ses témoins : ils seront appelés, et se rangeront sur la gauche, à la suite du greffier; après quoi le juge ordonnera d'amener l'accusé ou les accusés, qui se placeront, avec leur conseil, à l'extrémité de la table, faisant face au grand juge et à ses assesseurs : tous pourront s'asseoir lorsqu'ils ne parleront pas.

XXVI. Le grand juge nommera les personnes désignées pour le jury, et avertira les accusés du droit qu'ils ont d'en récuser la moitié, sans être obligés, sans pouvoir même motiver leurs récusations, de l'ordre à tenir en les proposans, et qu'il y sera suppléé par la voie du sort, dans le cas où les accusés refuseroient de le faire eux-mêmes. Les accusés pourront s'expliquer à cet égard par leur propre bouche ou par l'organe de leur conseil ; mais ils devront du moins exprimer qu'ils adoptent ce qui sera proposé en leur nom par leur conseil.

XXVII. Le greffier fera mention

sur son procès-verbal des récusations. Le jury étant réduit au nombre compétant, le grand juge requerra de ceux qui le composent, de prêter serment de donner leur avis en leur ame et conscience, ce qu'ils seront tenus de faire en levant la main et prononçant, *je le jure.*

XXVIII. Le commissaire-auditeur donnera lecture de la plainte des procès-verbaux, s'il y en a, ainsi que des écrits venant à l'appui de la plainte, s'il en existe; les pièces prétendues de conviction, seront mises en évidence; enfin, les témoins seront nommés et désignés l'un après l'autre par leurs noms, âges, états, qualités et domiciles.

XXIX Le grand juge ordonnera aux témoins de prêter serment de dire la vérité, toute la vérité, rien que la vérité; ce qu'ils seront tenus de faire en levant la main et prononçant, *je le jure.*

XXX. Il sera libre aux accusés ou à leur conseil, non-seulement de proposer les motifs de suspicion qu'ils peuvent avoir contre le témoin, mais encore de faire telles observations qu'ils jugeront à propos sur son témoignage, même de lui proposer, pour l'éclaircissement des faits, telles questions qu'ils voudront, et auxquelles le témoin sera tenu de répondre. L'auditeur, les jurés et les juges pourront ensuite successivement demander au témoin les explications dont ils croiront sa déposition susceptible.

XXXI. Les témoins ayant tous été entendus et examinés l'un après l'autre, dans une ou plusieurs séances, suivant l'exigence du cas, l'auditeur établira le mérite de sa plainte par les divers témoignages qu'il résumera; il conclura, s'il y a lieu, à ce que l'accusé soit déclaré coupable, et condamné à la peine que la loi prononce pour son délit.

XXXII. L'accusé ou les accusés pourront, soit par eux-mêmes, soit par l'organe de leur conseil, proposer leurs moyens de justification, de défense ou d'atténuation. Il sera libre au commissaire-auditeur de reprendre la parole après les accusés, et ceux-ci seront les maîtres de lui répondre à leur tour; mais les plaidoiries ne s'étendront pas plus loin, et il ne sera jamais accordé de duplique.

XXXIII. Lorsque l'accusé ou les accusés produiront les témoins, soit à l'appui des moyens de suspicion qu'ils auront proposés contre les témoins du plaignant, soit pour établir des faits tendant à leur justification ou à leur décharge, on ne pourra pas leur refuser d'entendre à l'instant ces témoins; et quand même l'accusé ou les accusés ne produiroient aucun moyen pour établir des faits justificatifs qui paroîtroient concluans, et dont ils offriroient la preuve, cette preuve seroit toujours admissible à la pluralité des voix du grand jnge et de ses assesseurs, qui fixeront le délai dans lequel elle devra être faite.

XXXIV. Les mêmes formalités seront observées, tant pour l'audition et l'examen des témoins produits par les accusés, que pour l'audition et l'examen des témoins produits par le plaignant.

XXXV. Le greffier rédigera le procès-verbal de chaque séance, de manière qu'il puisse servir à constater l'accomplissement ou l'inobservation de chacune des formalités qui doivent avoir lieu dans le cours de l'instruction, pour assurer la régularité du jugement.

XXXVI. Toutes les formalités ci-dessus prescrites étant remplies, toutes les questions incidentes à l'instruction du procès étant décidées, le grand juges prendra la parole, et avertira les jurés qu'ils ont à prononcer sur deux questions qu'ils doivent traiter séparément : la première, de savoir s'ils sont convaincus que le délit énoncé dans la plainte ait été commis ; la seconde, s'ils sont convaincus que ce soit par l'accusé que ce même délit ait été commis. En conséquence, le grand juge sera tenu de donner lecture du présent article aux jurés.

XXXVII. Il présentera sur l'une et sur l'autre de ces questions, les témoignages à charge et décharge, et le degré de croyance dont ils lui paroîtront susceptibles. Il résumera les moyens pour et contre, faisant valoir ceux en faveur de l'accusé, quand même ils n'auroient été employés ni par lui, ni par son conseil. Il s'attachera, sur-tout dans les cas où le délit paroîtroit constant aux termes de la loi, mais où les circonstances dont il seroit environné pourroient faire penser que l'accusé est excusable ou non criminel, à fixer sur ces circonstances toute l'attention des jurés. Il les exhortera à donner leur avis dans leur ame et conscience; enfin, il les invitera à passer dans une pièce voisine, où ils seront tenus de se retirer et de rester, sans aucune communication au-dehors, jusqu'à ce qu'ils aient formé leur résultat. En même-temps, le commissaire-auditeur se retirera de son côté, et le grand juge ordonnera que l'accusé ou les accusés soient reconduits en prison.

XXXVIII. Les jurés, sous la présidence du plus ancien d'entre eux, opineront à haute voix et séparément, sur chacune des deux questions soumises à leur détermination, le plus jeune parlant le premier, et ainsi de suite en remontant; ils seront les maîtres de motiver leur avis dans le premier tour d'opinions qui se fera sur chaque question. Il sera fait ensuite un second tour, où les avis seront énoncés simplement par *oui* ou par *non*.

XXXIX. L'avis contraire à l'accusé ne peut être formé dans le juré, que par la réunion des cinq septièmes des voix des jurés.

S'il passe à la négative sur la première question qu'ils ont à décider, la seconde sera résolue de droit, et les jurés rapporteront que l'accusé n'est pas coupable. S'il passe à l'affirmative sur cette première question, mais à la négative sur la seconde, les jurés rapporteront également que l'accusé n'est pas coupable; mais s'il passe à l'affirmative sur chacune des deux questions, les jurés rapporteront que l'accusé est coupable.

XL. Si l'accusé est convaincu d'un fait que la lettre de la loi place au rang des délits, mais que des circonstances environnantes peuvent excuser; en prouvant même que son intention n'a pas été criminelle, il sera permis aux jurés qui sont les juges du fait, de modifier leur rapport suivant les circonstances, en prononçant, ainsi : *Coupable, mais excusable* ; ou bien ainsi : *Convaincu du fait, mais non criminel.* Ces modifications pourront être ajoutées au rapport, à la pluralité des cinq septièmes des voix des jurés.

XLI. Le jury ayant formé son résultat, en préviendra le grand juge, et rentrera immédiatement après dans la salle d'audience, où étant à leurs premières places, debouts et découverts, tous les jurés leveront la main, et le plus ancien dira : *Nous jurons sur notre conscience et notre honneur, qu'après avoir observé scrupuleusement dans notre délibération les règles qui nous étoient prescrites par la loi, nous avons trouvé qu'un tel, accusé de tel fait, n'étoit pas coupable* ; ou bien : *qu'un tel, accusé de tel fait, en étoit coupable* ; ou bien : *qu'un tel, accusé de tel fait, en étoit coupable, mais excusable;* ou bien enfin, *qu'un tel, accusé de tel fait, en étoit convaincu, mais non criminel.*

XLII. Le greffier dressera sur-le-champ procès-verbal du rapport des jurés, qu'ils seront tenus de signer, ou de déclarer qu'ils ne le savent pas faire, après quoi ils se retireront.

XLIII. La délibération entre le grand juge et ses assesseurs commençant immédiatement après la retraite des jurés, si ceux-ci ont rapporté que l'accusé n'étoit pas coupable, le jugement portera que l'accusé est déchargé de l'accusation, sans ajouter rien de plus. Si les jurés ont rapporté *coupable*, il sera dit que la loi condamne l'accusé à telle peine, et la loi sera citée avec les motifs de son application.

Lorsque les jurés auront rapporté *coupable, mais excusable*, les juges seront autorisés à réduire la peine d'un degré inférieur à celle que la loi prononce.

XLIV. Il faut l'unanimité des voix des trois juges pour condamner à la mort ; la loi ne la prononce que dans cette présupposition, et en général son intention est toujours qu'on se réduise à la moindre peine, lorsque les circonstances font naître des doutes sur l'application de la peine la plus rigoureuse.

XLV. Pour condamner à toute autre peine que la mort, il suffit de la pluralité des voix ; mais si les juges diffèrent absolument d'opinion sur le genre de peine à prononcer, il en sera fait mention dans le jugement, et l'avis le plus doux prévaudra.

XLVI. Les jugemens de la cour martiale seront prononcés par le grand juge, en présence de tout l'auditoire. Avant la levée de l'audience, ils seront signés tant par le grand juge, que par ses deux assesseurs et par le greffier.

XLVII. Le greffier se transportera immédiatement après à la prison, où il donnera lecture de la sentence aux accusés, qui l'entendront debout et découvert. Le procès-verbal de la lecture sera écrit au bas de la sentence, et signé seulement du greffier.

XLVIII. Dans tous les cas où l'effet d'un jugement de la cour martiale n'est pas suspendu par la disposition précise de quelque loi, son exécution ne pourra être empêchée ni retardée sous aucun prétexte, et aura lieu le jour même s'il y a peine de mort.

XLIX. Le greffier, ou tout autre officier public qui pourra être désigné à la suite, assistera et veillera aux exécutions, dont il dressera procès-verbal au bas de la sentence. Il sera très-attentif à ce que la peine ne soit aggravée par aucun accessoire, et que la volonté arbitraire de qui que ce soit ne puisse rien ajouter à la sévérité du jugement.

Accusé absent.

L. Lorsqu'un accusé n'aura pu être

arrêté et constitué prisonnier, le commissaire-auditeur requerra du major-général de la marine ou du contrôleur, qu'il nomme un curateur à l'accusé absent parmi les militaires de son grade, ou parmi les employés de son état, ce que le major ou le contrôleur sera tenu de faire : le curateur ainsi nommé, devra prendre un conseil.

LI. La procédure s'instruira avec le curateur, comme elle se seroit instruite avec l'accusé en personne. Les dires et déclarations des témoins seront insérés tout au long dans le procès-verbal. Les juges et les jurés redoubleront d'attention, lorsqu'ils auront à prononcer sur le sort d'un homme qui ne se défend pas lui-même.

LII. Si l'accusé absent est arrêté ou s'il se constitue volontairement prisonnier dans le cours de l'instruction, elle sera recommencée avec lui, et tout ce qui aura été fait avec son curateur sera réputé non avenue.

LIII. Si l'accusé fugitif est condamné à des peines afflictives ou infamantes, la sentence sera éxécutée en effigie. Néanmoins l'accusé sera toujours admis à faire valoir ses moyens de défense et sa justification, au cas qu'il soit arrêté, ou qu'il se présente volontairement, dans quelque temps que ce soit.

LIV. Les auteurs, fauteurs ou complices d'un délit relatif au service maritime, ou d'un délit commis dans l'arsenal, pourront être poursuivis pardevant la cour martiale, encore qu'ils ne soient pas gens de guerre ou employés dans l'arsenal.

LV. Si un ou plusieurs particuliers, étrangers au département de la marine, sont poursuivis pardevant la cour martiale pour délits commis dans l'arsenal, le jury sera composé de jurés civils, et formé suivant les règles établies ci-dessus.

LVI. Si les particuliers étrangers au département de la marine, sont poursuivis pardevant la cour martiale concurremment avec quelque militaire ou employé du département, il sera ajouté au jury, pour chacun d'eux, six jurés civils ; et la récusation sera faite comme il est dit précédemment, de manière cependant qu'il reste toujours dans le jury un juré civil.

LVII. Il ne pourra être intenté aucune action criminelle pour raison d'un crime, après trois années révolues, lorsque dans cet intervalle il n'aura été fait aucunes poursuites.

Quand il aura été commencé des poursuites à raison d'un crime, nul ne pourra être poursuivi pour raison dudit crime après six années révolues, lorsque dans cet intervalle aucun juré d'accusation n'aura déclaré qu'il y a lieu à accusation contre lui, soit qu'il ait ou n'ait été impliqué dans les poursuites qui auront été faites.

Les délais portés au présent article et au précédent, commenceront à courir du jour où l'existence du crime aura été connue et légalement constatée.

Aucun jugement de condamnation rendu par un tribunal criminel, ne pourra être mis à exécution, quant à la peine, après un laps de vingt années révolues, à compter du jour où ledit jugement aura été rendu.

TITRE II.

Police des arsenaux.

ARTICLE PREMIER.

La police du port appartient à l'ordonnateur ; elle sera exercée sous son autorité par le commissaire-auditeur, et à son défaut par l'officier commandant des brigades de gendarmerie nationale, attaché au service de l'arsenal.

II. Seront réputés délits de police, tous ceux commis contre l'ordre puplic et service des arsenaux, ou en contravention des réglemens particuliers des ports, lesquels ne sont point énoncés dans le titre suivant et dans le titre II du code pénal des vaisseaux, du 21 août 1790.

III. Seront aussi réputés délits de police, tous les vols simples au-dessous de six livres, commis dans les arsenaux.

IV. Les peines de police pour délits commis dans les arsenaux, sont les arrêts, la prison au-dessous de trois mois, l'amende au-dessous de cent livres, l'interdiction, la réduction de paye, l'expulsion de l'arsenal et du service.

V. Les arrêts et la prison pendans huit jours au plus, pourront être prononcés en simple police par l'ordonnateur et le commissaire-auditeur; toute autre peine ne pourra être ordonnée que par le conseil d'administration qui, dans ce cas, prendra le titre de tribunal de police correctionnelle, et sur le rapport du commissaire-auditeur.

VI. Ce tribunal renverra à la cour martiale, tous les délits emportant une peine plus grave que ceux énoncés à l'article IV.

VIII. Cette juridiction de police s'étendra sur toutes les personnes indistinctement, qui se rendront coupables de délits ou fautes dans l'intérieur de l'arsenal.

VIII. Les chefs et les sous-chefs d'administration auront le droit de faire arrêter et conduire en prison tout homme prévenu d'un délit ou faute, à la charge d'en faire prévenir aussi-tôt le commissaire-auditeur.

IX. La discipline intérieure des troupes de la marine, lorsqu'elles ne seront point embarquées, sera réglée par le décret relatif à la discipline intérieure des corps militaires, du 15 septembre 1790, dont toutes les dispositions sont rendues applicables aux troupes de la marine.

X. Il y aura des brigades de gendarmes employées dans les principaux ports, et spécialement destinées au service des arsenaux de marine.

Chaque brigade sera composée de quatre gendarmes, et commandée par un maréchal-des-logis ou par un brigadier. Il y aura de plus dans chacun des trois grands ports, Brest, Toulon et Rochefort, un commandant des brigades, qui sera au moins lieutenant.

XI. Les gendarmes de tous les ports rouleront entre eux pour parvenir aux places de brigadier, et ensuite de maréchal-des-logis. Une moitié de ces places sera donnée à l'ancienneté, et l'autre au choix du roi.

XII. Sur deux places de lieutenans vacantes, une sera donnée au plus ancien maréchal-des-logis, et l'autre sera laissée au choix du roi, qui pourra choisir parmi les officiers attachés au département de la marine, ou parmi les maréchaux-des-logis des brigades de la gendarmerie des arsenaux.

XIII. Le lieutenant nouvellement promu, prendra rang avec les lieutenans de la division de gendarmerie nationale où sera situé le port, et deviendra, comme eux, capitaine à son tour d'ancienneté; mais il ne cessera pas d'être attaché au service de l'arsenal, et il ne sera point remplacé dans son grade de lieutenant.

XIV. Ces brigades feront leur service à pied pour la garde des arsenaux, sous les ordres des ordonnateurs des ports et des commissaires-auditeurs. Il y en aura chaque jour au moins la moitié employée dans les ports d'une manière active.

XV. Le traitement des gendarmes et brigadiers attachés au service des arsenaux, sera d'un quart en sus de celui fixé pour les gendarmes nationaux, par le titre IV de la loi du 16 janvier 1791.

Celui des lieutenans, maréchaux-des-logis et brigadiers sera conforme au même titre IV, et ils ne seront pas tenus à l'entretien des chevaux.

XVI. Les fonctions des gendarmes attachés au service des ports, seront analogues à celles attribuées à la gendarmerie nationale, par la loi du 16 janvier 1791, dans tout ce qui peut intéresser le service et la sûreté des ports et arsenaux.

XVII. Les compagnies des prévôtés de la marine sont supprimées; elles feront partie des brigades de gendarmerie des ports dans lesquelles elles seront incorporées, et les officiers, sous-officiers et archers seront placés chacun dans son grade et selon son rang.

XVIII. Les officiers, sous-officiers et archers des prévôtés de la marine, qui seront compris dans la nouvelle formation, compteront leur service en cette qualité pour la décoration militaire.

XIX. Les commissaires-auditeurs seront pris, pour cette fois, parmi les prévôts des prévôtés de la marine; et à défaut, parmi les lieutenans ou les procureurs du roi actuels, selon leur capacité.

Les prévôts de la marine qui ne seront pas replacés, auront pour retraite les deux tiers de leur traitement d'activité.

XX. Les archers employés dans les quartiers des classes, seront supprimés, et seront replacés dans les brigades de gendarmerie des arsenaux, et à défaut, dans la gendarmerie nationale.

XXI. Les officiers d'administration et syndics des gens de mer, pour l'exécution des ordres relatifs au service des classes, pourront requérir la gendarmerie nationale de leurs quartiers, qui ne pourra se refuser à leurs réquisitions.

TITRE III.

Des délits et des peines.

ARTICLE PREMIER.

Les peines énoncées dans ce titre, ne pourront être infligées que par jugement de la cour martiale.

II. Les délits militaires commis dans les ports et arsenaux, seront jugés en conformité du décret du 21 août 1790, concernant les délits sur les vaisseaux; et dans les cas non prévus par ce décret, ou dans le cas de peines qui ne seroient pas de nature à être exécutées à terre, on aura recours aux décrets rendus ou à rendre pour les délits de troupes de terre.

III. Tout homme convaincu d'un vol de la valeur de six livres et au-dessus, sera condamné au carcan, à une amende triple de la valeur de la chose volée, à l'expulsion de l'arsenal, et à la dégradation civique. Dans tous les cas de vol ou larcin, l'accusé sera condamné à la restitution de l'effet volé.

IV. Lorsque le vol aura été commis ou favorisé par des personnes spécialement chargées de veiller à la conservation des effets, tels que garde-magasins, gardiens de vaisseaux, maîtres, contre-maîtres, commis d'administration embarquans, commis des vivres, et autres chargés d'un maniement ou d'un dépôt, la peine sera celle de la chaîne pour six ans.

V. La même peine aura lieu contre les suisses, gendarmes, gardiens et consignes, qui auront commis ou favorisé ledit vol.

VI. Tous vols caractérisés seront punis, ainsi qu'il a été décrété dans le code général des délits et peines, au titre II de la seconde section, dans les dispositions applicables aux arsenaux; de telle sorte que la peine de la chaîne prononcée par ce code, dans tous les cas où le vol sera commis de nuit, avec armes, fausses clés, attroupement, effraction et autres circonstances aggravantes, soit toujours augmentée de trois années en sus du nombre déterminé dans ledit code, lorsqu'il aura été commis avec les mêmes circonstances, par les personnes désignées dans les Ve. et VIe. articles ci-dessus: toutefois la durée de ladite peine ne pourra excéder trente ans, à raison desdites circonstances, en quelque nombre qu'elles se trouvent réunies.

VII. Les maîtres, contre-maîtres et ouvriers qui seroient convaincus d'avoir fabriqué dans leurs ateliers des ouvrages pour leur compte, seront condamnés aux mêmes peines prononcées contre le vol, si la matière desdits ouvrages est reconnue avoir été prise dans l'arsenal; et si elle leur appartient, ils seront condamnés à perdre ce qui pourra leur être dû en appointemens ou en journées, et à être renvoyés du service.

VIII. Si aucun des entrepreneurs et maîtres d'ouvrages dans l'arsenal, étoit convaincu d'avoir substitué aux matières ou marchandises qui leur sont délivrées du magasin général pour être fabriquées, d'autres matières d'une moindre valeur et qualité, il sera condamné au payement de la plus value, à une amende qui ne pourra excéder trois cents livres, et à la dégradation civique.

IX. Il est défendu à tous maîtres et autres à la solde de l'état, de recevoir aucune espèce d'intérêt, présent ou gratification de la part d'un entrepreneur ou fournisseur, lorsque leur fonction pourra influer sur le bénéfice de la fourniture, à peine d'une amende qui ne pourra excéder cent livres, d'un mois de prison, et d'être renvoyé du service; et contre ledit fournisseur ou entrepreneur qui leur auroit accordé cet avantage illicite, d'une amende qui ne pourra excéder trois cents livres.

X. Ceux qui troubleront et compromettront le service par des discours séditieux, seront condamnés à la gêne pendant un an, et ceux qui se porteront à des actes de révolte, seront punis de six années de chaîne. La peine sera double contre ceux qui seront convaincus d'avoir excité lesdites séditions et révolte.

XI. Les voies de fait commises envers l'ordonnateur, les chefs, sous-chefs et autres supérieurs, seront punis par cinq ans de gêne au plus, et l'expulsion de l'arsenal.

Les autres actes d'insubordination qui ne porteront pas de caractère grave, seront punis par voie de police.

XII. Ceux qui auront falsifié ou altéré les registres, rôles, quittances et autres papiers du service, ou qui auront fabriqué ou fait fabriquer de faux rôles, fausses quittances et autres actes, ou qui les emploieront à leur profit, ou enfin qui supposeront effectifs au détriment des deniers de la nation, des hommes, des matières et des sommes non existans, seront condamnés à dix ans de chaîne.

XIII. Ceux qui se présenteront aux bureaux des classes, et qui prendront frauduleusement le nom d'un marin employé sur les vaisseaux de l'état, pour s'approprier ses salaires, parts de prise, ou autres sommes à lui revenant, seront condamnés au carcan et à la prison pendant une année. La même peine aura lieu contre tous ceux indistinctement qui auront eu part à ce faux, soit en attestant l'identité de l'homme, soit en concourant de toute autre manière à l'infidélité du faussaire.

XIV. Seront punis de la même manière les faux créanciers et leurs complices, qui emploieront des moyens frauduleux pour constater leur prétendu titre à l'égard d'un marin mort ou absent.

XV. Il est défendu, sous peine d'être mis à la gêne pendant trois ans, de faire du feu dans l'arsenal, si ce n'est dans les bureaux et autres lieux qui seront déterminés par l'ordonnateur pour les besoins indispensables du service : la même peine aura lieu contre ceux qui étant commis pour veiller lesdits feux, les quitteroient avant qu'ils soient entièrement éteints.

XVI. Les délits commis par les bas-officiers des galères et par les forçats, continueront d'être punis en conformité des règlemens rendus pour la police et la justice des chiourmes, avec cette seule exception que chaque évasion de forçats sera punie seulement par trois années de chaîne de plus pour les forçats à terme, et par l'application à la double chaîne pendant le même temps, pour les forçats qui sont actuellement condamnés à vie.

XVII. A l'égard des autres crimes et délits non prévenus par le présent décret, et qui seroient commis dans l'arsenal, ils seront jugés conformément aux dispositions décrétées par le code pénal des vaisseaux, du 21 août 1790, par le code général des peines et délits, et le code de la police correctionnelle.

XVIII. Ledit code pénal des vaisseaux sera également suppléé pour les dispositions qui n'y seront pas prévues par le présent code, et par le code général des peines et délits.

XIX. Les articles LIX et LX du code pénal des vaisseaux, n'étant que provisoires et en attendant le présent décret, seront supprimés, ainsi que les dispositions pénales des anciennes ordonnances relatives aux arsenaux.

Loi relative aux écoles de la marine; du 20 septembre 1791.

L'assemblée nationale décrète ce qui suit :

ARTICLE PREMIER.

Lorsqu'un aspirant aura complété quatre années de navigation, le commandant de l'escadre, de la division ou du vaisseau où il sera employé, pourra, sur la demande de son capitaine, lui ordonner de faire les fonctions d'enseigne, dans le cas ou il y auroit des places vacantes d'enseigne sur le vaisseau, division ou l'escadre.

II. Tout aspirant qui aura été employé de cette manière, sera tenu à son retour en France, de se présenter au premier examen d'enseigne, ou au premier concours d'enseigne entretenu, qui aura lieu trois mois après son arrivée; et s'il est fait enseigne d'après le concours ou l'examen, il comptera comme service d'enseigne, celui pendant lequel il en aura rempli les fonctions. S'il ne se présente point au premier examen ou au premier concours, ou si, après s'être présenté, il n'est point fait enseigne, il ne pourra compter comme service d'enseigne, celui pendant lequel il en aura rempli les fonctions.

III. Le titre d'aspirant entretenu ne pourra être donné aux élèves et volontaires, en vertu de la disposition de l'article XIX de la loi du 15 mai, sur l'application de l'organisation de la marine, que jusqu'à la concurrence de deux cents places; les cent autres seront données au concours.

Sont préférés pour les deux cents premières places, ceux des élèves et volontaires désignés dans cet article XIX, qui auront le plus de navigation en cette qualité ; ils seront congédiés à mesure qu'ils auront complетté les trois années de navigation en qualité d'aspirant, élève ou volontaire.

IV. Le ministre de la marine est autorisé à fixer l'époque à laquelle aura lieu le concours pour les aspirans, qui doivent commencer à Dunkerque le 1er. septembre. Le concours pour les enseignes entretenus, aura lieu à mesure que l'examinateur arrivera successivement dans les trois grands ports.

V. Il sera établi une école d'hydrographie à Rouen, à Martigues et à Agde.

VI. La dépense pour les appointemens des professeurs d'hydrographie sera fixée à quarante-trois mille cinq cents livres, conformément au tableau ci-après présenté par le ministre de la marine.

Tableau des appointemens des professsseurs des écoles d'hydrographie.

École de	Dieppe à . . .	2000 l.
	Honfleur . . .	*idem.*
	Rouen	*idem.*
	Cherbourg . . .	*idem.*
	Granville . . .	*idem.*
	Saint-Brieuc . .	*idem.*
	Vannes	*idem.*
	La Rochelle . .	*idem.*
	Libourne . . .	*idem.*
	La Ciotat . . .	*idem.*
École de	Saint-Tropez. .	1500 l.
	Antibes	*idem.*
	Martigues. . . .	*idem.*
	Narbonne . . .	*idem.*
	Port-Vendre . .	*idem.*
	Les Sables d'Olonne	*idem.*
	Paimbeuf . . .	*idem.*
	Le Croisic . . .	*idem.*
	Audierne . . .	*idem.*
	Saint-Pol-de-Léon	*idem.*
	Fécamp	*idem.*

Saint-Valery . . *idem.*
Boulogne . . . *idem.*
Calais . . . . . *idem.*
Agde . . . . . *idem.*

LOI concernant l'administration des ports, et objets y relatifs, du 21 septembre 1791.

L'assemblée nationale, après avoir entendu le rapport de son comité de la marine, décrète ce qui suit :

ARTICLE PREMIER.

Le ministre sera seul chargé de l'exécution des ordres du roi, relatifs à son département, et responsable de son administration.

II. L'administration des ports sera civile, elle sera incompatible avec toutes fonctions militaires.

III. La direction générale de tous les travaux et approvisionnemens de la comptabilité, de toutes les dépenses de la police générale et des classes du ressort, sera confiée dans chaque grand port à un administrateur unique, sous le titre d'ordonnateur.

IV. L'administration de chacun de ces ports sera divisée en six détails principaux, qui seront confiés comme il suit, à des chefs d'administration.

1°. Les constructions, travaux et mouvemens de port, à un chef.

2°. L'arsenal et la comptabilité de l'arsenal en journées d'ouvriers et matières, à un chef.

3°. Le magasin général et approvisionnemens, à un chef.

4°. La comptabilité des armemens, les vivres et classes, à un chef.

5°. Les fonds et revues, à un chef.

6°. Les hôpitaux et bagnes, à un chef.

V. Les mouvemens des ports seront dirigés par un sous-chef, sous les ordres du chef des travaux.

VI. Le commandant des armes dans chaque port nommera, tous les trois mois, les enseignes au nombre qui lui sera demandé par l'ordonnateur, pour être employés à l'exécution des mouvemens des ports, sous les ordres du chef et du sous-chef des travaux.

VII. Dans les ports où il sera établi un sous-chef des mouvemens du port, le capitaine et le lieutenant de port lui seront subordonnés. Il pourra, dans ces villes, n'être établi qu'un lieutenant de port, si les besoins du service n'exigent rien de plus.

Garde-magasin.

VIII. La garde et conservation des matières et munitions sera confiée à un garde-magasin, qui sera directement responsable et comptable envers l'ordonnateur, et sous la surveillance du chef des approvisionnemens. Il aura sous son autorité immédiate, les sous-gardes-magasins et les autres agens nécessaires. Les fonctions de gardes-magasins seront remplies par des sous-chefs, et celles de sous-garde-magasin, par des commis.

IX. La garde et distribution des

fonds sera confiée à un payeur, qui sera directement comptable à la trésorerie nationale ; il sera chargé d'acquitter les dépenses de la marine, d'après les ordres de l'ordonnateur, et suivant la forme qui sera prescrite. Il sera sous la surveillance du chef des fonds et du contrôleur, qui pourront vérifier ses comptes et inspecter sa caisse ; il aura sous son autorité immédiate, les agens nécessaires au service de la caisse. Il sera nommé et pourra être destitué par les commissaires à la trésorerie nationale, et fournira le cautionnement qui sera prescrit.

Contrôleur.

X. Le dépôt des minutes, des marchés, états de recettes et fournitures, comptes de dépenses et recettes, plans et devis, loix, ordonnances, brevets et ordres du roi, relatifs à la marine, sera confié à un contrôleur.

Le contrôleur sera tenu d'inspecter et vérifier toutes les recettes et dépenses de fonds et de matières, revues, fournitures, marchés, adjudications et les travaux, en ce qui concerne l'emploi des hommes et des matières; sur lesquels objets il pourra requérir ou remontrer ce qu'il avisera, rendre compte au ministre de ses réquisitions et remontrances s'il n'y étoit fait droit, sans qu'il puisse arrêter ni suspendre l'exécution d'aucun ordre de l'ordonnateur.

XI. En tout ce qui concerne l'expédition de toutes les pièces de son dépôt, l'ordre des écritures, la police des bureaux du contrôle, l'exactitude de son service, le contrôleur sera subordonné à l'ordonnateur; il en sera indépendant dans les détails d'inspection dont il est chargé, pour l'exécution desquels il lui sera donné tous les renseignemens et communications des pièces nécessaires.

Le contrôleur aura sous ses ordres des sous-contrôleurs et des commis, dont le nombre sera réglé suivant les besoins du service.

XII. Les détails particuliers de la

comptabilité de l'administration, et les quartiers des classes, seront, suivant leur importance, confiés à des chefs ou à des sous-chefs d'administration, à la charge d'en être responsables. Le nombre des chefs et sous-chefs sera fixé suivant les besoins du service de chaque port, de même que celui des commis qui seront trouvés nécessaires.

Commis d'administration.

XIII. Les places de commis seront données au concours, à ceux des citoyens François qui ayant l'âge de dix-huit ans accomplis, satisferont le mieux à un examen sur l'écriture, l'orthographe et l'arithmétique.

XIV. Les commis, après deux ans de service, seront examinés sur la conduite qu'ils auront tenue pendant ces deux ans, sur leur travail et leur capacité. Ceux qui seront approuvés, continueront le service de commis, les autres seront congédiés.

XV. La comptabilité sur les gabarres, corvettes, et autres bâtimens au-dessous de vingt canons, pourra être confiée à des commis ayant au moins vingt-un ans accomplis et deux ans de service dans les ports, et qui auront alors le brevet de sous-chefs d'administration pour la campagne. A une seconde campagne, et après avoir rendu des comptes satisfaisans de la première, ils pourront faire les mêmes fonctions sur une frégate et sur un vaisseau de ligne.

Concours pour les places de sous-chefs d'administration.

XVI. Lorsqu'il y aura des places de sous-chefs d'administration ou de sous-contrôleurs vacantes, elles seront données à un concours auquel pourront se présenter tous les commis ayant au moins cinq ans de service dans les ports, et fait une campagne de mer. L'examen aura lieu sur l'arithmétique, la géométrie, jusques et compris les solides seulement, sur la comptabilité des ports, sur les munitions navales, les opérations-pratiques des arsenaux, des bureaux et des classes ; et à mérite égal, seront préférés ceux qui auront plus de service.

XVII. Les concours seront publics, ils seront présidés par l'ordonnateur. Les corps administratifs et militaires y seront invités, ainsi que toutes les personnes chargées de fonctions dans l'institution publique : le conseil d'administration sera juge du concours. Les concurrens seront examinés par le professeur de l'école, sur l'arithmétique et la géométrie ; et par le contrôleur et le sous-contrôleur, et par tous les membres du conseil d'administration, sur les objets de pratique du service.

Chefs d'administration.

XVIII. Les places de chefs d'administration seront données, moitié par ancienneté, et moitié au choix du roi, aux sous-chefs et sous-contrôleurs qui auront au moins cinq ans de service dans leur grade, et l'âge de trente ans accomplis. Les contrôleurs et les chefs de travaux seront toujours pris, au choix du roi, les premiers parmi les chefs, sous-chefs et sous-contrôleurs, et les autres, parmi les sous-chefs des travaux.

Choix des ordonnateurs.

XIX. Les ordonnateurs des grands ports seront pris, au choix du Roi, parmi les chefs d'administration et contrôleurs, pourvu qu'ils aient trois ans de service dans leur grade.

Chefs, sous-chefs, aides et élèves des constructions et travaux.

XX. Le chef des constructions et travaux sera secondé dans ses diverses fonctions par des sous-chefs et des aides de constructions, dont le nombre sera réglé suivant les besoins du service de chaque port, de même que celui des élèves.

XXI. Il y aura une école à Paris pour les élèves.

XXII. Nul ne sera admis au titre d'élève qu'au concours sur l'algèbre, l'application de l'algèbre à la géométrie et les sections coniques, les élémens du calcul infinitésimal et la mécanique, l'hydraulique et les calculs du déplacement et de la stabilité des vaisseaux. Ils seront tenus aussi de faire preuve de la connoissance du dessein nécessaire à leurs fonctions ; et ceux qui auront le mieux satisfait à l'examen, seront envoyés dans les ports.

Concours pour les aides de constructions.

XXIII. Les places d'aides seront données au concours, à ceux des élèves qui auront au moins deux ans de service dans le port, et qui satisferont le mieux à l'examen sur la théorie et la pratique de leur état, suivant le réglement qui sera fait.

Sous-chefs de coustructions.

XXIV. Lorsqu'il y aura des places de sous-chefs de constructions vacantes, elles seront données aux élèves, moitié à l'ancienneté, moitié au choix du Roi, à ceux qui auront au moins trois ans de service dans ce grade.

XXV. Les sous-chefs et les élèves seront chargés de suivre les travaux des constructions, réparations et entretiens des vaisseaux et autres travaux du port sous les ordres du chef des constructions et travaux; ils pourront être embarqués sur les escadres et armées navales, pour y remplir le service qui leur est attribué.

XXVI. Les constructions et entretiens des bâtimens civils seront confiés à un sous-chef, sous les ordres du chef des travaux; il aura sous ses ordres un ou plusieurs élèves, qui seront pris au concours parmi les élèves des ponts et chaussées.

XXVII. Le sous-chef chargé des bâtimens civils sera choisi par le Roi, parmi les élèves architectes ayant au moins trois ans de service dans les ports.

Fonctions

Fonctions communes à tous les officiers d'administration.

XXVIII. Les visites des forêts, celles des forges et manufactures de la dépendance d'un port et arsenal de l'armée navale, seront faites par les ordres de l'ordonnateur indistinctement, par les sous-chefs des travaux et autres détails qu'il en chargera.

XXIX. La visite et réception des approvisionnemens sera faite en présence du contrôleur, tant par le chef d'administration et par le garde-magasin auxquels ils devront être confiés, que par le chef des travaux, lorsqu'il s'agira de munitions navales nécessaires à la construction et au gréement des vaisseaux ; et par un capitaine de vaisseau de service dans le port, lorsqu'il s'agira des vivres et autres objets d'armement. Le procès-verbal de recette sera signé des uns et des autres : en cas de contestation, l'ordonnateur prononcera sous sa responsabilité, mais le contrôleur sera obligé d'instruire sans délai le ministre, de la contestation et de la décision.

XXX. La réception des ouvrages sera faite de même par le chef d'administration au détail duquel ils ressortiront, par le chef des travaux.

XXXI. Il sera embarqué sur toutes les escadres à bord du vaisseau commandant, deux chefs ou sous-chefs d'administration ; l'un pris dans les chefs de comptabilité, qui sera chargé de la comptabilité générale des approvisionnemens et dépenses de l'escadre, et d'inspecter la comptabilité particulière de chaque vaisseau ; l'autre pris dans les chefs des travaux, qui sera chargé de toute la partie d'entretien et de réparation des vaisseaux.

XXXII. Les achats, approvisionnemens et autres dépenses seront faits par les ordres du général, d'après les demandes de chaque vaisseau, sur lesquelles le chef chargé de la comptabilité, et celui chargé des travaux seront tenus de donner leurs avis par écrit, chacun pour sa partie.

XXXIII. Les ordres du général dans une escadre, ou d'un capitaine d'un vaisseau particulier, seront toujours donnés par écrit en matières d'administration et de comptabilité, et exécutés nonobstant tout avis contraire : dans ce cas, le général ou le capitaine en sera particulièrement responsable, comme les officiers d'administration le seront de leurs opérations.

XXXIV. La destination des officiers civils dans les ports et arsenaux, dans les quartiers des classes et colonies, appartiendra au roi, en observant les règles établies pour leur avancement de grade à l'autre : leurs nombre et distribution seront réglés par le corps législatif, suivant les besoins du service.

Administration des classes.

XXXV. Les quartiers des classes seront distribués suivant leur localité, dans la dépendance de l'ordonnateur du port le plus voisin, et conformément à la nouvelle division géographique du royaume ; et suivant le réglement qui sera présenté par le ministre, et décrété par le corps législatif.

XXXVI. Il sera dressé de même un état des paroisses maritimes, pour régler leur dépendance de chaque quartier des classes, et le service des syndics.

XXXVII. Les chefs et sous-chefs d'administration des classes seront subordonnés à l'ordonnateur du port dans la dépendance duquel ils seront établis.

Ils auront différentes payes, suivant l'importance et l'étendue de leurs quartiers respectifs, ainsi qu'il sera arrêté par un réglement à cet effet.

XXXVIII. Les syndics des marins établis dans chaque syndicat, auront des émolumens ou gages réglés par la loi, et proportionnés à l'importance de leur service.

Pensions de retraite des officiers civils.

XXXIX. Les officiers civils de la marine obtiendront des pensions de retraite et d'invalides, par les mêmes règles que les officiers militaires de la marine, et leurs services seront calculés de même à la mer, dans les colonies en paix et en guerre.

Règles générales pour les officiers civils.

XL. Tout officier civil, pourvu d'un grade ou emploi, prétera, en recevant son brevet ou entrant en fonctions, le serment de fonctionnaire public.

XLI. Toutes les fois qu'un subordonné responsable recevra des ordres qu'il croira contraires à la loi, il pourra demander qu'on les lui donne par écrit, sans pouvoir se dispenser de les exécuter. Il sera tenu d'en joindre une copie aux pièces de sa comptabilité.

XLII. Tout officier civil de la marine achevant de remplir une mission, fonction ou emploi, sera tenu de rendre compte de ses opérations.

XLIII. Tout officier civil pourra être provisoirement suspendu de ses fonctions par l'ordonnateur, mais ne pourra être destitué sans une décision du conseil d'administration d'un des grands ports de l'armée navale, auquel le ministre renverra les plaintes.

XLIV. Le conseil d'administration sera composé de l'ordonnateur, du chef des travaux, de deux chefs et d'un sous-chef de comptabilité, d'un sous-chef et d'un élève des travaux : ces cinq derniers y seront appelés à tour de rôle, chacun dans son grade.

Le contrôleur, ou un des sous-controleurs, assistera aux conseils d'administration, et y aura voix représentative.

Inspection des classes.

XLV. L'ordonnateur de chaque département chargera, tous les ans, un contrôleur ou sous-contrôleur de se rendre dans les différens quartiers des classes de son arrondissement, d'y vérifier la caisse et les registres des chefs, sous-chefs, préposés aux classes, des caissiers des invalides et syndics des gens de mer.

Comptabilité et inspection des ports et arsenaux.

XLVI. Chaque officier civil chargé d'un détail, sera comptable et responsable ; il sera tenu d'arrêter son registre à la fin de chaque mois, et de faire son bordereau du compte du mois. Ces comptes seront vérifiés par le contrôleur de la marine, et arrêtés par l'ordonnateur.

XLVII. A la fin de chaque construction, radoub, ou de tout autre ouvrage exécuté dans l'arsenal, il sera fait un compte particulier de la dépense à laquelle s'élèvera chaque nature d'ouvrage, en matière et main-d'œuvre, de l'emploi desquelles seront responsables le chef des travaux et celui de l'arsenal. Le compte sera fait par le chef de l'arsenal, signé de lui et du chef des travaux, vérifié par le contrôleur, et arrêté par l'ordonnateur.

XLVIII. Au désarmement de

chaque bâtiment, il sera dressé un compte particulier de la dépense dudit bâtiment, en solde, appointemens, subsistances, frais de relâche, et remplacement de consommation de tout genre. Ce compte sera fait par l'officier d'administration chargé de la comptabilité du vaisseau, certifié par le capitaine du vaisseau, vérifié par le contrôleur, et arrêté par l'ordonnateur.

XLIX. Les comptes de chaque port seront présentés chaque année à l'examen d'une commission d'inspection, qui prendra toutes communications qu'elle croira nécessaires, et inspectera également l'état des magasins et des travaux des ports.

L. La commission sera également chargée de constater si les restans en magasin et en caisse sont conformes à la balance des états de recette et de dépense, et l'état dans lequel ils auront été tenus.

LI. La commission sera composée de trois officiers militaires, d'un chef de comptabilité, d'un chef des travaux, et de deux personnes étrangères au département de la marine, et exercées par état à la comptabilité : ils seront tous nommés par le roi, à l'époque de chaque inspection; et les chefs de de comptabilité et des travaux seront pris dans un autre département que celui où ils devront faire l'inspection.

LII. Les comptes examinés et vérifiés seront envoyés au ministre, qui les vérifiera de nouveau; il soumettra au bureau de comptabilité qui sera établi par l'assemblée nationale, la totalité des comptes de la dépense de son département.

LOI qui conserve et supprime différentes places relatives à la marine, du 29 septembre 1791.

L'assemblée nationale, sur le rapport du comité de marine, décrète ce qui suit :

ARTICLE PREMIER.

Les places d'inspecteur des constructions et de l'école des élèves ingénieurs de la marine, aux appointemens de quatre mille liv.

ci	4,000 l.	10,500 l.
D'ingénieur mécanicien, aux appointemens de quinze cents liv., ci	1,500	
De deux commissaires des chaînes, aux appointemens de quinze cents liv. chacun, trois mille livres, ci	3,000	
De garde des instrumens astronomiques, aux appointemens de deux mille liv., ci . .	2,000	

Sont provisoirement conservées.

II. Les places de tous officiers militaires et ingénieurs, d'officiers de santé, d'officiers d'administration de la marine ou des colonies, et généralement toutes places de personnes attachées près du ministre à Paris, n'ayant point de fonctions actives et permanentes, sous quelque dénomination que lesdites places aient été jusqu'à présent désignées, sont et demeurent supprimées.

III. Les personnes comprises dans la suppression énoncée par l'article précédent, qui par la nature de leurs fonctions, et en conformité des organisations décrétées par l'assemblée nationale, pourront être placées dans les départemens, y seront renvoyées pour reprendre leur service, et toutes celles qui ne sont pas susceptibles ou ne pourront pas être employées en activité, recevront le traitement de réforme réglé par le décret d'application sur l'organisation des officiers d'administration.

IV. Les fonctions des personnes ci-devant attachées à M. l'Amiral, et qui étoient payées par le département de la marine, sont également supprimées, sauf le traitement de réforme indiqué par l'article précédent.

V. Il en sera de même pour les fonctions du procureur-général du conseil des prises, et des commissaires pour la visite des ports et arsenaux.

VI. Le présent décret aura son exécution à compter du premier octobre prochain, et sera présenté dans le jour à la sanction du roi.

Fin du Code.

ÉTAT MILITAIRE,

Avec la dénomination et l'emplacement des Bataillons de Gardes nationales volontaires.

MINISTRE DE LA GUERRE,

M. DE NARBONNE.

Premiers Commis de la Guerre, et leur Département.

M. Gau, *les fonds.*
M. Bertier, *les promotions.*
M. Delalain, *les nominations aux emplois.*
M. Arcambal, *le mouvement.*
M. Vauchelles, *l'artillerie et le génie.*

Secrétariat.

M. Pajot, *premier Secrétaire du Département.*

MARÉCHAUX DE FRANCE.

Messieurs,

1758, 24 *Août*.
Contades.
1756, 16 *Décemb*.
Broglie.
1775, 24 *Mars*.
Noailles.
Mouchy.
1783, 13 *Juin*.
Mailly.
Beauveau.
Castries.
Laval.
Ségur.

Décembre, 1791.

Rochambeau.
Luckner.

LIEUTENANS GÉNÉRAUX

DES ARMÉES DU ROI.

Messieurs,

1744, 2 *Mai*.
De Penthievre.
1748, 10 *Mai*.
Maillebois.
Brancas.
Hericy.
Coëtlogon.
Montboissier.
Caillebot.
Grammont.
Gontaut-Biron.
1750, 6 *Juin*.
Narbonne Pelet.
1757, 1 *Janvier*.
Wirtemberg.
1758, 1 *Mai*.
Crillon.
D'Affri.
Montmort.
1758, 12 *Août*.
De Condé.
De Conti.
Lusace.
1759, 17 *Décembre*.
La Ferriere.
Jonsac.

Castella.
Cereste-Brancas.
Pons.
Maupeou.

1762, 25 *Juillet.*

Saint-Simon.
Monti.
Trisnel.
Egmont.
Tonnerre.
Basteroy.
Merinville.
Rostaing.
Beautreville.
Langeron.
Harcourt.
La Châtre.
Dehenheim.
La Morliere.
Blaisel.
Choiseul-Beaupré.
Bissy.
Robecq.
Rohan-Montbazon.
Thiars.
Estain.

1763, 20 *juin.*

Luckner.

1768, 1 *janvier.*

Phiffer.

1771, 16 *avril.*

Hessenstein.

1778, 27 *juillet.*

D'Orléans.

1780, 1 *mars.*

Bellefonds.
Cormainville.
Ecquevilly.
Vienne.
Grammont.
Amzaga.
D'Invilliers.
Wangen.
Drummont.
Goyon.
Turpin.
La Rivière.
Goyon.
Rouillé.
Flavigni.
Talaru.
Valence.
Périgord.
Rohan-Rochefort.
Rochambeau.
Coigny.
Châtelet.
Caraman.
Thianges.
Montazet.
Saint-Georges.
Des Escotais.
Houdetot.
Bourbon-Busset.
Gouvernet.
Uzès.
Beuvron.
Belmont.

Montbarey.
Monteil.
Apchon.
Saint-Pern.
Marcieu.
Marrange.
Zurlauben.
Crussol-d'Amboise.
Vaubecourt.
Brienne.
Juigné.
Fumel.
Saint-André.
La Roque.

1781, 5 *décembre.*

Barrin.
Montreuil.
Sablé.
Morbecq.
Molac.
Barrin.
Sommievre.
Mesmes.
Archiac.
Puységur.
Timbrune Valenc.
La Tour-du-Pin.
Chabrillan.
Villeroy.
Lusignem.
Chabot.
Surlaville.
Confl ns.
Durfort.
Schonberg.
Chois-la-Baume.
Wall.
Grandmaison.
Nolivos.

1782, 19 *avril.*

Bouillé.

1784, 1 *janvier.*

Chérisey.
Motioles.
Prontleroy.
Hallot.
Latour.
Perusse-d'Escars.
Narbonne-Pelet.
Durosel.
Sauzay.
Cambis.
Gelb.
Pontecoulant.
Jumilhac.
Noziere.
La Vaupalliere.
Tessé.
Chamborant.
La Grange.
Roure.
Beaune.
Ayen.
Villequier.
Bulkeley.
Toustain.
Falkenhayn.
Lastic.

La Luzerne.
Guines.
Maillardor.
Ray.
Haussonville.
Pons.
Toustain-Viray.
Héricy.
Viomenil.
Langeron.
Comeyras.
Jaucourt.
Grandpré.
Merlet.
Verteuil.
Hartmanis.
Sparre.
Durfort.
Blangy.
Pressac.
Miran.
Saint-Chamans.
Rouault.
Louis de Nassau.

1784, 7 *octobre.*
D. de Deux-Ponts.

1791, 20 *mai.*
D'Aumont.
Sombreuil.
Thiboutot.
Montesquiou.
Vittinghoff.
Rosières.
Behague.
Rostaing.
Beauvoir.
Des Almons.
Caux de Blaquetot.
Choisy.

1791, 30 *juin.*
Chollet.
Saint-Priest.
La Fayette.
Toulongeon.

1791, 16 *juillet.*
Wittgenstein.

1791, 16 *octobre.*
Brissac.

1791, 30 *novembre.*
Duteil.

1791, 17 *décembre.*
D'Elbecq.

MARÉCHAUX DE CAMP.

Messieurs,

1742, 1 *janvier.*
Castellane.

1748, 10 *mai.*
Bannes.

D'Asfeld.
Bouillon.
Prince-de-Monaco.
1759, 10 *février.*
Béthune,
Bacqueville.
Soyecourt.
1761, 20 *février.*
Du Plouy.
Marbeuf.
Montalembert.
1762, 25 *juillet.*
Hébert.
Ogilvy.
Narbonne.
Clerm-Tonnerre.
La Source.
Jaucourt.
Morangiés.
Montmorency.
Nas. Ounsingue.
1767, 16 *avril.*
Billarderie.
Cassini.
Surberck.
Hallebour.
Trasegnies.
Ambly.
Delort.
1768, 20 *avril.*
Goulet.
1769, 9 *juillet.*
Beaufremont.
1770, 3 *janvier.*
Rateliff.
Loffendiere.
Millo.
Elva.
Noé.
Scepeaux.
Levignem.
Bernage.
Balincourt.
Trémoille.
Saluces.
Dangé.
Montrevel.
Donnezan.
Haumont.
Verdiere.
Choiseul.
Choiseul.
La Blache.
Noé.
Jumilhac.
Fontette.
Bonneval.
Thoranc.
Charost.
Castellane.
1771, 23 *janvier.*
Creagh.
1771. 15 *février.*
Gouet.
1780, 1 *mars.*
Clerm. d'Amboise.
Mazancourt.
Pracontal.
Montillet.
Evry.

Grasse.
Villiers.
Montchenu.
De Flers.
Havrincourt.
Argenteuil.
Billarderie.
Rochefort.
Barbantanne.
Janson.
Salis Samade.
Lullin.
Solages.
Cambon.
Law.
D'Aumont.
Adhemar.
Cazeau.
Pelet.
Glocker.
Dumas.
Aumale.
Dreneuc.
Monteynard.
Botta.
Estampes.
Coigni.
Ornano.
Berenger.
Bernis.
Damas.
Mehegan.
Caramen.
Breteuil.

Serrentt.
L'Aigle.
Vogué.
Vibraye.
Clugny.
Beaumont.
Noé.
Lort.
Pontleroy.
Fragnier.
O-connor.
Bachman.
Lebœuf.
Chollet.
Lefevre.
Poularies.
Bienassise.
Desmarets.
Rosnyvinen.
Steinaver.
Amedroz.
Merle.
Offranville.
Baudoin.
Duras.
Ollonne.
La Tour-du-Pin.
Bailly.
Vintimille.
Ste-Aldegonde.
Machault.
Berigny.
Damas.
Gauville.

Ville.
La Ferronnays.
Pernot.
Salis-Matschlins.
Fourcroy.
La Salle.
Choiseul.
Courvoisie.
Luxembourg.
Boisgelin.
Bougainville.
Saulx-Tavanne.
Fitzjames.
Choiseul-Meuse.
Peyre,
Balleroy.
Beaumont.
Dulau.
Rome.
Villefranche.
Puységur.
Monteil.
Altermat.
Assat.
Hodicq.
Rochef. Bayers.
Chassincourt.
Gomer.
Vaublanc.
Ampus.
La Coste.
Fiedmont.
L'Hôpital.
Lowendal.
La Fare.
Persan.
S. Simon.
Cambray.
Tillet.
Tillieres.
Choiseul-Bussiere.
Dupleix.
Flamarens.
Dauvet.
Du Vigier.
Lambertie.
Mesnard.
Murinais.
Mellet.
Waldner.
Perusse.
La Pause.
Mornay.
Vaudreuil.
Esterhazy.
Mauroy.
D'Autichamp.
Bon.
Gontaut.
Hautoy.
Sorans.
La Charce.
Damas.
Toulouse-Lautrec.
Seignelay.
Hautefeuille.
Crequi.
S.-Maixent.

Cely.
Flachslanden.
Lambert.
Camille Rohan.
Carle.
Viomenil.
Wargemont.
Crenolle.
Talleyrand.
Berenger.
Miromenil.
Sionville.
Bellecombe.
Aigremont.
Juigné.
Bizemont.
Malartic.
Rossillon.
Saint-Mars.
Le Duc.
La Mortiere.
La Barthe.
Boistel.
Caux.
Damoiseau.
Hartmanis.
Guintrand.
Moutier.
Raincourt.
Champagny.
Brienne.
Bayet.
Souyn.
L'Espinasse.
Chazal.
Le Gouz.

1780, 1 *avril.*

Daun.
Lowenstein.

1781, 5 *décembre.*

Sonnemberg.
La Roziere.
Frimont.
Luynes.
Galibert.
Tott.
Estrée.
Harcourt.
Béville.
Emm. Salm-Salm.
Chilleau.
Damas.
Montgrand.
Pollereski.
Montcalm.
Chastulé.
Talleyrand.
Donissan.
Bouzols.
Rabodanges.
Verteillac.
Bethizy.
Pilles.
La Thanne.
Esnest.
Sommery.
Messey.
Levis.

Dutertre.
Mailly.
Offelyse.
Joviac.
Virieu.
Menou.
Montazet.
Jarnac.
Havrincourt.
La Luzerne.
Pontecoulant.
Dunedo.
Montejan.
Iselin.
Custine.
Quelin.
Verac.
Esquelbecq.
Savisnes.
Croismare.
Canisy.
Ludre.
Radepont.
Brosse.
Castella-Montag.
Caupenne.
Belsunce.
Mailly.
Nesle.
Rochebousseau.
Ludre.
Grenay.
Divonne.
Buttafoco.

D'Avaray.
Duluc.
Crussol.

1782, 22 *novembre.*

De Bourbon.

1784, 1 *janvier.*

D'Affry.
Wolter.
Mirville.
Bastignac.
Avernes.
Chalup.
Huë.
Maillé.
Boufflers.
Roche-du-Maine.
Pardieu.
Clermont-Galler.
S. Exupery.
Palmes.
Goyon.
Boisse.
Walsh-Serant.
Mun.
Senevoy.
Noailles.
Bercheny.
Menildurand.
Croy.
La Rochefoucauld.
Maleyssye.
Davelon.
Courteille.
Fumel.

Usson.
Lons.
S. Laurent.
Crillon.
Duras.
Croy.
Chabrillan.
Chasteigner.
Coigny.
Orgeres.
Dillon.
Lauzun.
Rochechouart.
Crillon.
Moustier.
Diesbacq.
Reynaud.
Béthune.
Grivel.
Morangiés.
Franc.
Rippert.
Gourdon.
Du Vigneau.
Le Veux.
Vialis.
Angosse.
Buffevent.
Rochevalentin.
Amé.
Marzy.
Boisgnorel.
Bouchard.
Fredy.

Pouilly.
Klinglin.
Pinsun.
Carac.
D'Aspremont.
Klœckler.
Ortes.
Vaulx.
Montmorin.
Bruyeres.
La Belinaye.
Virieu.
Nieul.
Maillard.
Allonville.
Puymaigre.
D'Aguesseau.
Rosamel.
Noue.
Gouy.
La Salle.
Dallonville.
Trochet.
Senneton.
Chambre.
Chaumont.
Steiner.
Antoine Courten.
Dulau.
Crussol.
Toustain-Viray.
Esturmel.
Montchat.
Heymann.

Leautaud.
La Chapelle.
Conway.
Chambrun.
Vidampierre.
Picques.
Casteja.
Tilly.
Chamolle.
Montrosier.
Blaisel.
Luchet.
Sabran.
Eestancheau.
Broca.
Balthazar.
Salgues.
Liniere.
Freytag.
Dumaine.
Vomas.
Daime.
La Varenne.
Mayenfich.
Castella.
Bruxs.
De Laisné.
La Garde.
La Garde.
Mercoyrol.
Duverne.
Malabiou.
Humbert.
Charnail.

Saint-Sernin.
Rabinel.
Forestier.
Gorguette.
Reboul.
Pujol.
Dupin.
Belloy.
Duverdier.
Daugier.
Larboulerie.
Foucauld.
Saint-André.
Aigremont.
Moynier.
Mondenard.
Baunè.
Souin.
Nassau-Sieghen.
Laval.
Rostaing.
D'Autichamp.

1784, 20 *mai.*

Jerningham.

1787, 17 *juin.*

Salm-Grombac.

1788, 9 *mars.*

Rangrave.
Petel.
Dubois.
Blanchelande.
Vincent.
Lenoir.
Boisgelin.

Daugny.

Daugny.
Pierrevert.
Wogelsang.
Gremion.
Zimmermann.
Baye.
Montecler.
Bassompierre.
Chambry.
Herculais.
Lubersac.
Le Blanc.
Rochefort.
Fabricy.
Capretz.
Du Mourier.
Vauborel.
Des Ecotais.
Ségur-Cabanac.
Boufflers.
Oilliamson.
Chevigné.
Thumery.
Caulincourt.
Brassac.
Harembures.
D'Ailly.
La Galissonniere.
Boulainvilliers.
Pardaillant.
Vibraye.
Montréal.
Andlau.
Henin.
Fumel.
La Vauguyon.
La Chastre.
Pontevès.
Liancourt.
Lorge.
Cossé.
Soudeilles.
Pons.
Chatelux.
La Guiche.
Busançois.
Brachet.
Monspey.
Surgeres.
Sens.
Cailhac.
Gontaut.
Bery.
Blaisel.
Ganges.
Ville.
Sarlabous.
Hargicourt.
Penhoët.
Conway.
Gayon.
Effiat.
D'Arnouville.
Channe.
Epinay-St.-Luc.
Ryan.
La Noüe.
Bartillat.

D'Entragues.
Spens.
Andlau.
Plantade.
Lambesc.
Troussebois.
Vernou.
Villaines.
Dumoulin.
Marmande.
Desportes.
Dedon.
Berre.
Légier.
Livarot.
Faultrier.
Héliot.
St Marcel.
D'Ivoley.
La Geneste.
Ducros.
Daboville.
Martignac.
Godlin.
Villereau.
La Valette.
Lascour.
Lestrade.
S. Roman.
Castries.
Duportail.
Coigny.
Hondetot.
La Marck.

Albignac.
Ecquevilly.
Farjonel.
Bombelles.
La Bourdonnaye.
Hautefort.
Saint-Aulaire.
D'Artaignan.
Champigny.
Chasteloger.
Dumoncel.
D'Agoult.
La Ferronnays.
Grandville.
Auger.
Auger.
Laval.
Lambertye.
Maupeou.
Bernis.
Andigné.
Segonzac.
Lungon.
Hallot.
Rossy.
Biencourt.
Thomé.
Diesbach.
Desplas.
Laval.
Gufforio.
D'Agoult.
Du Chilleau.
Champignelles.

Montdesir.
Montbel.
Raynaud.
Galiffet.
Brion.
Curieres Castelnau.
Baschi du Cayla.
Schmidt-Grunegg.
La Rocheaymon.
Montsoreau.
Nedonchel.
Paignat.
Rocheret.
Hunolstein.
Montboissier.
Harville.
Reffuvielle.
Vittermont.
Roll.
Melfort.
D'Apchon.
Fitz-James.
Cossé.
La Tour-du-Pin.
Escars.
Leveneur.
Villaines.
Malseigne.
Dozé.
Ornac.
Brancion.
Wimpffen.
Hautefeuille.
Foucault.

Civrac.
Quinemont.
Brieux.
Poudeux.
Avaux.
Poix.
Mortemart.
Vassan.
Ste Hermine.
Beaumont.
Pleurre.
S. Blancard.
Hesse-Rhinfels.
Muy.
D. de Deux-Ponts.
Charpilet.
Charitte.
Durat.
La Rochelambert.
Marfaing.
Faure.
Lance.
Dorbay.
Germay.
Bellegarde.
Belleville.
Manson.
Rugy.
Dauvarre.
Favart.
Cerval.
Ernest.
Hangest.
Roche-Girault.

La Chapelle.
Aguillon.
Grondel.
La Valtiere.
Kellermann.
La Chateigneraye.
Elliot.

1788, 30 *Mars.*

Mnulde.
Cossigny.
Gervillier.
Locmaria.
Van-Rissel.

1788, 21 *sept.*

Marcé.
Ricard.
Sablonnet.
Menonville.
Keralio.
Du Plessis.
Harcourt.
Vaugirard.
Boissieux.
Kendal.
La Bretéche.
Arbouville.
Hahn.
Mesnard.
Roscy.
Roche-Jacquelin.
Moyria.
Ferrier.
Lezay-Marnezia.
Reynach.
Englesqueville.
Montvert.

1788, 12 *octobre.*

Wurmser.
La Queuille.

1788, 3 *novembre.*

Duboys.

1789, 1 *mars.*

Lumomirski.
Vaux.
Chateignier.
Pradel.

1789, 17 *mai.*

Coustard.
Fontanges.

1789, 28 *juin.*

Le Roy.

1789, 26 *octobre.*

Le Pelletier.

1789, 16 *décembre.*

Menou.

1790, 31 *janvier.*

Erlach.

1790, 24 *février.*

D'Oraison.

1790, 1 *mars.*

L'Espinasse.
Duhourmelin.
Clugny.
Duhalley.
Asnieres.
Menou.
Culan.

1790, 24 *Mars.*
Barbançon.

1790, 7 *Avril.*
Moges.
La Salle.

1790, 17 *Avril.*
Narbonne.
Causan.

1790, 19 *Mai.*
Lusignem.
Courtomer.

1790, 20 *Mai.*
Bouthillier.

1790, 26 *Mai.*
Chazot.

1790, 30 *Mai.*
Menilglaise.
Sainte-Marie.
Labbé.
Ganot.
Muissard.
Prevost.
Terrot.
La Borie.

1790, 31 *Mai.*
Allonville.

1790, 11 *Juin.*
Saulx-Tavanes.
La Suze.

1790, 16 *Juin.*
Germ. Tonnerre.

1790, 1 *Juillet.*
Darrot.

1790, 20 *Octobre.*
Joannes.
Folenay.

1790, 24 *Octobre.*
du Bouchet.

1790, 28 *Octobre.*
Buffon.

1791, 8 *Avril.*
Puymont Brun.

1791, 18 *Mai.*
Regnier.

1791, 20 *Mai.*
Lascases.
Gestas.
Dumanoir.
D'Anseline.
Caroné
O-Connell.

1791, 30 *Juin.*
Rochedragon.
Boisgelin.
Montmor.-Laval.
Berghes.
Lasteyrie.
Rochambeau.
Wurmser.
Fleury.
Dupuits.
Gouvion.
Dumas.
Franç. Wimpffen.
Flechin.

1791, 25 *Août*.
Pontlabbé.
Theobald Dillon.
Dulou.
Laumoy.
1791, 4 *Septembre*.
Narbonne.
1791, 6 *Octobre*.
Barbantanne.
Fezensac.
1791, 28 *Novemb*.
De Noailles.
Chapt de Rastignac.
Victor de Broglio.
Choiseul Praslin.
Théodore Lameth.
1791, 30 *Novembr*.
De Puységur.
1791, 13 *Décembr*.
Moreton Chabrillant.
De Baral.
De Grave.
1791, 17 *Décembr*.
Collot.
D'Hinnisdal.
Valences.

BRIGADIERS D'INFANTERIE.

MESSIEURS,

1743, 20 *Février*.
Nivernois,
Rohan-Chabot.
1744, 2 *Mai*.
Vastan.
1745, 1 *Mai*.
Grammont.
1748, 1 *Janvier*.
Bela.
1748, 10 *Mai*.
Fersen.
La Grandville.
Boisrenard.
Bourgmary.
Roche-St-André.
Dallart.
1756, 23 *Juillet*.
Mirepoix.
1758, 3 *Janvier*.
Craon.
1758, 1 *Mai*.
Conrad.
1759, 10 *Février*.
Champignelles.
Contades.
1761, 20 *février*.
Warmser.
Vierzet.
Du Villars.
Castella.

1762, 2 mars.
Geoffre.
1762, 25 juillet.
Sabrevois.
Gironde.
1764, 11 octobre.
Turgot.
1766, 12 sept.
Martines.
1767, 16 avril.
Champagné.
D'Ambly.
1768, 20 janvier.
Puget.
1768, 20 avril.
Beyerlé.
Rasilly.
L'Espinasse.
La Carry.
1769, 22 janvier.
Verton.
1770, 3 janvier.
Mesmes.
Erbach-Schœnberg.
Bron.
Rayne.
Moyenneville.
Reiterwald.
Leantauld.
St-Aldegonde.
1770, 17 juin.
Berthier.
Du Roscoat.
Bryan.

1770, 12 novembre.
La Houliere.
Foucault.
Loys.
Forest-Divonne.
1780, 1 mars.
Styrum.
Autroche.
Maulde.
Fours.
Barbançois.
Huart.
Le Roy.
Esparbès.
Bonneguise.
Pluviers.
Bar.
Luker.
Blosset.
La Peirousse.
Muller.
Baviere-Grosberg.
Chimay.
Mirman.
Desguers.
Montmelas.
Fontenu.
Cazeau.
Colleville.
Rippert.
Minard.
Belloy.
Villeneuve Cillart.
Chaponay.

Cambronne.
Murat.
Argentré.
Anside.
Prud'homme.
Marteney.
Romé.
Launay.
Beaurepaire.
Marassé.
D'Estrée.
Desauvergne.
Montviel.
Launay.
Pons.
Jobal.
Lormet.
Geslas.
Faleck.

1781, 5 *décembre.*

Vigny.
Carignan.
Faudoas.

1784, 1 *janvier.*

Dion.
La Croix.
D'Espagne.
Butler.
Lillancourt.
Grillot.
Alen.
Ferendiere.
La Serre.
Harembure.

BRIGADIERS DE CAVALERIE.

Messieurs,

1742, 22 *février.*

Priego.

1743, 20 *février.*

D'Autichamp.

1746, 6 *octobre.*

Sourdis.

1747, 20 *mars.*

Charleval.

1748, 10 *mai.*

Lastic.
Rhéingraff.
Ferrary.

1759, 10 *février.*

Valentinois.

1761, 20 *février.*

La Guiche.

1762, 25 *juillet.*

Geraldin.
Lille.
Realle.

1768, 20 *avril.*

Saint-Mars.

1768, 26 *décembre.*
Tudert.
1769, 9 *juillet.*
Boussanelle.
1770, 3 *janvier.*
Nosvielle.
Sabran.
La Rivière.
1771, 6 *janvier.*
Launac.
1780, 1 *mars.*
Seissel.
Percenat.
Pimodan.
Guitry.
Legras.
Du Halley.
L'Huis.
Boursaud.
Latour.
La Fare.
S. Sardos.
S. Angel.
Vezins.
Guéméné.
Roquigny.
Lormet.
Boisdesfre.
Bourgongne.
Perignat.
1781, 5 *décembre.*
Sauvan.
Bodin.
Cany.
Polignac.
1784, 1 *janvier.*
Lalande.

BRIGADIERS DE DRAGONS.

Messieurs,

1748, 1 *janvier.*
Marmier.
1748, 10 *mai.*
La Blache.
1767, 16 *avril.*
Chateaurenard.
1780, 1 *mars.*
Pistoris.
Rastignac.
Boissac.
Genlis.
Girardin.
Menon.
Denoüe.
Douzon.
Cecari.
Favancourt.
Bazelet.
S. Mauris.
1784, 1 *janvier.*
Malvoisin.

DÉCORATION MILITAIRE

TROISIÈME DEGRÉ,

Correspondant aux ci-devant grands-Croix.

Messieurs,

Beautteville.
Coëtlogon.
Castella.
Narbonne-Pelet.
St-Georges.
Montmort.
Talaru.
Pontecoulant.
Sauzay.
Le Goutz.
Laval.
Flavigny.
Montazet.
Archiac.
Puysegur.
Traisnel.
Choiseul-Beaupré.
Fumel.
Fourcroy.
Viomenil.
Falkenhayn.
Durfort.
Bellecombe.
Salis Marschelins.
D'Hartmanis.
Caraman.
Ray.
Timbr.-Valence.
Thianges.
Blaisel.
Drummond.
Turpin.
Durosel.
Rochambeau.
D'Affry.

SECOND DEGRÉ,

Correspondant aux ci-devant Commandeurs.

Messieurs,

Delort.
Rostaing.
Nilovos.
Choisy.

Pfiffer.
La Grange.
Goulet.
Bachmann.
La Vaupalliere.
Vaubecour.
Invillier.
La Roque.
Molac.
Sommiévre.
Wall.
Langeron.
Mazancourt.
Adhémar.
Poularies.
Balleroy.
d'Autichamp.
Lambert.
Zurlauben.
Aumont.
Goyon.
Barrin.
d'Ambly.
Simon.
Bouzols.
Sombreuil.
Chilleau.
Lullin-Châteaux.
Diesbach.
Steiner.
Cherisey.
Jumillac.
Thiboutot.
Gomer.
Offelize.
Mun.
Coigny.
Chamborant.
d'Aguesseau.
Freytag.
La Riviere.
Moriolles.
Hericy.
d'Estrée.
Marcieu.
Grandpré.
Verteuil.
Gontant.
Dulau.
Bethizy.
Conway.
Caux.

MARINE.

PREMIER DEGRÉ.

Messieurs,

Duchaffaut.
Beugnon.
Barras.
Vaudreuil.

COMMANDEURS.

Fabry.
Hector.
Destouches.
Chabert.
d'Albert.
Daimar.
Bruyères Chalabre.
Arbaud.
Nieul.
Souilhac.
Beaumont.

MAISON MILITAIRE DU ROI.

COMMANDANT EN CHEF,

M. de Brissac.

COMMANDANT DE L'INFANTERIE,

M. de Pontlabbé.

COMMANDANT DE LA CAVALERIE,

M. d'Hervilly.

CENT-GARDES-SUISSES.

M. de Brissac, *Capitaine Colonel.*

GARDES-SUISSES,

Messieurs,

d'Affry, *Colonel.*
Maillardor, *Lieutenant Colonel.*
Bachmann, *Major.*

Commissaire Général des Suisses et Grisons, ayant la police du Régiment des Gardes-Suisses,

M. Endrion.

INFANTERIE.

1. Ci-devant COLONEL GÉNÉRAL.
A Dunkerque.

Messieurs,

Courcy-d'Hervilly. . . . . *Colonel.*
Menou . . . . } *Lieut. col.*
Briel. . . . . }

2. Ci-devant PICARDIE. *A Thionville.*

Drouet. . . . . *Colonel.*
Fontenay. . . . . } *Lieut. col.*
Bracquemont. . . . . }

3. Ci-devant PIÉMONT. *A Strasbourg.*

De Blou. . . . . *Colonel.*
D'Andiran. . . . . } *Lieut. col.*
De la Colletrye . . . . }

4. Ci-devant PROVENCE. *A S. Paul-de-Léon.*

Vial-d'Alais. . . . . *Colonel.*
Thiballier . . . . } *Lieut. col.*
Duluc . . . . }

5. Ci-devant NAVARRE. *A Valenciennes.*

Vouillers. . . . . *Colonel.*
Saint-Sauveur. . . . . } *Lieut. col.*
Picot de Bazus. . . . . }

6. Ci-devant ARMAGNAC. *A Thionville.*

L'huillier. . . . . *Colonel.*
Lachaize. . . . . } *Lieut. col.*
Blau . . . . }

7. Ci-devant CHAMPAGNE. *A Auch.*

Messieurs,

La Barthe . . . . *Colonel.*
Duprat . . . . } *Lieut. col.*
Champron . . . . }

8. Ci-devant AUSTRASIE. *A Sarrelouis.*

De Haack . . . . *Colonel.*
Chalup . . . . } *Lieut. col.*
Armenouville . . . . }

9. Ci-devant NORMANDIE. *A Belleisle.*

Lambertye . . . . *Colonel.*
Desdoride . . . . } *Lieut. col.*
Leverrier . . . . }

10. Ci-devant NEUSTRIE. A *Weissembourg*

Martinet . . . . *Colonel.*
Mainard . . . . } *Lieut col.*
Roquier . . . . }

11. Ci-devant LA MARINE. *A Toulon.*

Dupeloux . . . . *Colonel.*
Chalabre . . . . } *Lieut. col.*

12. Ci-devant AUXERROIS. *A Condé.*

Galaup . . . . *Colonel.*
Attel . . . . } *Lieut. col.*
De Fé . . . . }

13. Ci-devant BOURBONNOIS. *A Neuf-Brissac.*

Poulet . . . . *Colonel.*
Bordenave . . . . } *Lieut. col.*
La Bruc . . . . }

14. Ci-devant FOREZ. *A Aire.*

Messieurs,

D'Hinnisdal .... *Colonel.*
Chapelle .... } *Lieut. col.*
Saint-Surin .... }

15. Ci-devant BEARN. *Au Hâvre.*

Myon .... *Colonel.*
D'Acary .... } *Lieut. col.*
Comarque .... }

16. Ci-devant AGÉNOIS. *A Rochefort.*

Blottefiere .... *Colonel.*
Terson .... } *Lieut. col.*

17. Ci-devant AUVERGNE. *A Phalzbourg.*

Dumas .... *Colonel.*
Godefroy .... } *Lieut. col.*
Pinet .... }

18. Ci-devant ROYAL AUVERGNE. *A Boulogne.*

Tourville .... *Colonel.*
Mascaron .... } *Lieut. col.*
Varennes .... }

19. Ci-devant FLANDRE. *A Bergues.*

Montmorin .... *Colonel.*
La Saumés .... } *Lieut. col.*
Massé .... }

20. Ci-devant CAMBRÉSIS. *A Perpignan.*

Desbordes .... *Colonel.*
D'Adhémar .... } *Lieut. col.*

21. Ci-devant GUYENNE. *A Lion.*

Messieurs,

Montgaillard .... *Colonel.*
Millerelle .... } *Lieut. col.*
Lamotte .... }

22. Ci-devant VIENNOIS. *A S. Omer.*

Bouillé .... *Colonel.*
La Mothe .... } *Lieut. col.*
Becdeliere .... }

23. Ci-devant ROYAL. *A Schelestat.*

Castellanne .... *Colonel.*
Benavent .... } *Lieut. col.*
Casamajour .... }

24. Ci-devant BRIE. *A Lille.*

Laage .... *Colonel.*
Chaumont .... } *Lieut. col.*

25. Ci-devant POITOU. *A Verdun.*

Redoo .... *Colonel.*
Claville .... } *Lieut. col.*

26. Ci-devant BRESSE. *En Corse.*

Vernon .... *Colonel.*
Rochon .... } *Lieut. col.*
La Ferriere .... }

27. Ci-devant LYONNOIS. *A Montpellier.*

La Volvène .... *Colonel.*
De Goué .... } *Lieut. col.*

28. Ci-devant MAINE. *A Draguignan.*

Messieurs,

Le Prestre.................. *Colonel.*
S. Martin.................. } *Lieut. col.*
Cléricy .... }

29. Ci-devant DAUPHIN. *A Philippeville.*

Dubouquet .... *Colonel.*
De Bar .... } *Lieut. col.*
Laroque.................. }

30. Ci-devant PERCHE. *A Brest.*

Beaudre.................. *Colonel.*
La Borde.................. } *Lieut. col.*
Bertrix.................. }

31. Ci-devant AUNIS. *A Cherbourg.*

Losse de Bayac.................. *Colonel.*
Montels.................. } *Lieut. col.*
Boisconteau.................. }

32. Ci-devant BASSIGNY. *A Tours.*

Saint-Tropés.................. *Colonel.*
Baussancourt.................. } *Lieut. col.*
Rousenac.................. }

33. Ci-devant TOURAINE. *A Mézières.*

Maillou.................. *Colonel.*
Menon.................. } *Lieut. col.*
Charlot.................. }

34. Ci-devant ANGOULÊME. *A Coutance.*

Montchoisy.................. *Colonel.*
Montfort.................. } *Lieut. col.*
Le Grand.................. }

35. Ci-devant AQUITAINE. *A Landau.*

Messieurs,

D'Orsner .... *Colonel.*
Gaillart Dufort ....
Husson de Prailly .... } *Lieut. col.*

36. Ci-devant ANJOU. *A S. Servant.*

Colonel.

S. Laurent ....
Keransquer .... } *Lieut. col.*

37. Ci-devant DE TURENNE. *A Cherbourg.*

Fressinaux .... *Colonel.*
Lustrac ....
S. Florent .... } *Lieut. col.*

38. Ci-devant DAUPHINÉ. *A Aubenas.*

Lebeuf .... *Colonel.*
Lagardiolle .... } *Lieut. col.*

39. Ci-devant ISLE DE FRANCE. *A Brest.*

Loras .... *Colonel.*
D'Eglise ....
Blin .... } *Lieut. col.*

40. Ci-devant SOISONNOIS. *A Grenoble.*

Espeyron .... *Colonel.*
Duchevalier ....
Anselme .... } *Lieut. col.*

41. Ci-devant LA REINE. *A Vannes.*

Carbonnié .... *Colonel.*
Chalup ....
Le Comte .... } *Lieut. col.*

42. Ci-devant LIMOSIN. *A Ajaccio.*

Messieurs,

Closen . . . . *Colonel.*
Maillard . . . . } *Lieut. col.*
Pascal . . . . }

43. Ci-devant R. DES VAISSEAUX. *A Sedan.*

Carcaradec . . . . *Colonel.*
Sicard . . . . } *Lieut. col.*
Chantepie . . . . }

44. Ci-devant ORLÉANS. *A Avesne.*

Chateignier . . . . *Colonel.*
Chappuis . . . . } *Lieut. col.*
Lagrange . . . . }

45. Ci-devant LA COURONNE. *A Béthune.*

Moyria . . . . *Colonel.*
Beaujeu . . . . } *Lieut. col.*

46. Ci-devant BRETAGNE. *A Huningue.*

S. Victor . . . . *Colonel.*
Athalin . . . . } *Lieut. col.*

47. Ci-devant LORRAINE. *A Rocroy.*

D'Ollonne . . . . *Colonel.*
Hébert . . . . } *Lieut. col.*
Colomb . . . . }

48. Ci-devant ARTOIS. *A Rennes.*

La Ferriere . . . . *Colonel.*
La Feuillade . . . . } *Lieut. col.*
. . . . }

49. Ci-devant VINTIMILLE. *Au Quesnoy.*

Messieurs,

Casabienca . . . . *Colonel.*
Desbrunieres . . . . } *Lieut. col.*
S. Hilaire . . . . }

50. Ci-devant HAINAUT. *A Béfort.*

Renaud . . . . *Colonel.*
Bordenave . . . . } *Lieut. col.*
Cara de S. Cyr . . . . }

51. Ci-devant LA SARRE. *A la Rochelle.*

D'Iversay . . . . *Colonel.*
Rauchin . . . . } *Lieut. col.*
Desperiers . . . . }

52. Ci-devant LA FERE. *En Corse.*

Gratio Rossi . . . . *Colonel.*
De Sailly . . . . } *Lieut. col.*

53. Ci-devant ALSACE. *A Givet.*

Neuvinger . . . . *Colonel.*
Flock . . . . } *Lieut. col.*
Freytag . . . . }

54. Ci-devant R. ROUSSILLON. *A Longwy.*

Gaston . . . . *Colonel.*
Sariac . . . . } *Lieut. col.*
Aigreville . . . . }

55. Ci-devant CONDÉ. *A Metz.*

Ligneville . . . . *Colonel.*
Chantelou . . . . } *Lieut. col.*
Duport d'Aguin . . . . }

56. Ci-devant BOURBON. *A Lille.*

Messieurs,

Ruault .... *Colonel.*
S. Quentin................. } *Lieut. col.*
Dessaulx .... }

57. Ci-devant BEAUVOISIS. *A Landau.*

Colonel.
Chevalier .... }
} *Lieut. col.*

58. Ci-devant ROUERGUE. *A Toul.*

Toulongeon .... *Colonel.*
Villeauroux................ } *Lieut. col.*
Ferrandi .... }

59. Ci-devant. BOURGOGNE. *A Alais et Carpentras.*

Rastignac .... *Colonel.*
La Moignon .... } *Lieut. col.*
D'Arcelin.................. }

60. Ci-devant R. MARINE. *Aux Sables d'Olonne.*

Boulard .... *Colonel.*
Chartongne................. } *Lieut. col.*
Donnous .... }

61. Ci-devant VERMANDOIS. *A Bèziere.*

Thesan .... *Colonel.*
Servant .... } *Lieut. col.*
Chateaubodeau .... }

62. Ci-devant SALMSALM. *Au Port-Louis.*

Meunier .... *Colonel.*
Wildermouth .... } *Lieut. col.*
Ruttenberg .... }

CORPS ROYAL DE L'ARTILLERIE.

1. Ci-devant METZ. *A Besançon.*

Messieurs,

Quiefdeville .... *Colonel.*
Niger.................... } *Lieut. col.*
D'Arcy ....
Desroches ....
Sallette ....
Lepelletier ....

2. Ci-devant LA FERRE. *A Auxonne.*

Rison .... *Colonel.*
Rotalier .... } *Lieut. col.*
Desnoyers ....
Denis....................
La Barre ....
Dubuat ....
Burtin ....

3. Ci-devant BESANÇON. *A la Fère.*

Sinceny .... *Golonel.*
Dutot .... } *Lieut. col.*
La Bayette de Galles ....
Guiscard ....
Olry de Valcin ....
Darodes..................
Besplas ....

4. Ci-devant GRENOBLE. *A Valence.*

Compagnol .... *Colonel.*
Castellane .... } *Lieut. col.*
Dujard...................
Deydier..................
Lagrange.................
Mainville................
D'Arthaud ....

5. Ci-devant STRASBOURG. *A Strasbourg.*

Messieurs,

Guiomard .... *Colonel.*
Beaujeu ....
Josserand ....
Gillet .... } *Lieut. col.*
Cornet ....
Villaret ....

6. Ci-devant D'AUXONNE. *A Metz.*

Quiefdeville .... *Colonel.*
Lagrée ....
Perthuis ....
Bayette ....
Danger .... } *Lieut. col.*
Galbaud ....
Maisonneufve ....

7. Ci-devant. TOUL. *A la Fere.*

Villiers .... *Colonel.*
Dupach ....
Le Dieudeville ....
Seroux ....
Buzalet .... } *Lieut. col.*
Ducastel ....
Carbonnel ....

63. D'ERNEST. *A Aix.*

D'Ernest .... *Colonel.*
Olivier .... *Lieut. col.*
Watteville .... *Major.*

64. SALIS-SAMADE. *Au Havre.*

Salis-Samade .... *Colonel.*
Bachmann .... *Lieut. col.*
Christ .... *Major.*

65. SONNENBERG. *A Sarrelouis.*

Messieurs,

Sonnenberg.............. *Colonel.*
Gugy.................. *Lieut. col.*
Reynold................ *Major.*

66. CASTELLA. *A Metz.*

Castella................. *Colonel.*
Girardier................ *Lieut. col.*
Vigier.................. *Major.*

67. Ci-devant LANGUEDOC. *A Clermont.*

S. Simon................ *Colonel.*
Lansfoc.................
Ferrand Deraze........... } *Lieut. col.*

68. Ci-devant BEAUCE. *A Cambray.*

Colonel.
De Prat.................
Seyssel.................. } *Lieut. col.*

69. VIGIER. *A Strasbourg.*

Vigier.................. *Colonel.*
Paravicini............... *Lieut. col.*
De Thurn................ *Major.*

70. Ci-devant MEDOC. *A Perpignan.*

Meunier................. *Colonel.*
Le Serrurier.............
Villas.................. } *Lieut. col.*

71. Ci-devant VIVARAIS. *A Montmédi.*

Courtarvel............... *Colonel.*
Maillier.................
Bernard................. } *Lieut. col.*

72

72. Ci-devant VEXIN. *Aux Antibes.*

Messieurs,

Chauvet d'Allons .... *Colonel.*
Pouilly .... } *Lieut. col.*
Desmottes .... }

73. Ci-devant ROYAL-COMTOIS.
A Cambray.

Lavoute .... *Colonel.*
Bonnevin.................. } *Lieut. col.*
Lebrun .... }

74. Ci-devant BEAUJOLOIS. *A Douai.*

Hippolite Choiseul .... *Colonel.*
Pécomme .... } *Lieut. col.*
Sagariga .... }

75. Ci-devant MONSIEUR. *A Briançon.*

Forestier .... *Colonel.*
Laubé .... } *Lieut. col.*
Chatelard .... }

76. Ci-devant LULLIN DE CHATEAU-VIEUX. *A Briche.*

Lullin .... *Colonel.*
Mérian .... *Lieut. col.*
Salis-Samade.............. *Major.*

77. Ci-devant LAMARCK. *A Avignon.*

Frédéric Lefort .... *Colonel.*
Haake..................... } *Lieut. col.*
Colle..................... }

78. Ci-dev. PENTHIEVRE. *A Dunkerque.*

Tracy .... *Colonel.*
Laboissière .... } *Lieut. col.*
Ponnat .... }

79. Ci-dev. BOULONNOIS. *A Avignon.*

Messieurs,

Dubourg .... *Colonel.*
La Roque ....} *Lieut. col.*
Desbroches ....}

80. Ci-devant ANGOUMOIS. *A Bayonne.*

De Soucy .... *Colonel.*
Caldaguès ....} *Lieut. col.*
La Chapelette ....}

81. Ci-devant CONTI. *A Calais.*

Mondion .... *Colonel.*
Dupunh..................} *Lieut. col.*
Saujeon ....}

82. Ci-dev. SAINTONGE. *A Lauterbourg.*

Colonel.
Vittinghoff ....} *Lieut. col.*
Deroche ....}

83. Ci-devant FOIX. *A Givet.*

Colonel.
Pontich ....} *Lieut. col.*
Champellon..................}

84. Ci-devant ROHAN. *A l'isle d'Oléron.*

Bonavita .... *Colonel.*
Nully..................} *Lieut. col.*
Cabanis..................}

85. DIESBACH. *A Lille.*

Colonel.
Mellier .... *Lieut. col.*
Forelle.................. *Major.*

86. COURTEN. *A Douay.*

Messieurs,

Antoine Courten .... *Colonel.*
Ignace Courten............ *Lieut. col.*
Elie Courten.............. *Major.*

87. Ci-devant DILLON. *A Arras.*

Omoran.................. *Colonel.*
Otoole.................. } *Lieut. col.*
Ogorman................. }

88. Ci-devant BERWICK. *A Orléans.*

Oconnor .... *Colonel.*
Harty .... } *Lieut col.*
Shée .... }

89. Ci-devant ROYAL SUÉDOIS. *A Valencienne.*

Furstenwarther .... *Colonel.*
Brusselles............... } *Lieut. col.*
Wald.................... }

90. Ci-devant CHARTRES. *A Lille.*

Colonel.

Dumeny .... } *Lieut. col.*
Melignan .... }

91. Ci-devant BARROIS. *A Toulon.*

Camillo Rossi .... *Colonel.*
La Martelliere............ } *Lieut. col.*
Pingré .... }

92. Ci-devant WALSH. *A Vannes.*

Walsh-Serrant............ *Colonel.*
Oneil .... } *Lieut. col.*
Keating .... }

93. ENGHIEN. *A Montdauphin.*

Messieurs,

Grammont . . . . *Colonel.*
Lafont-Rouis . . . . } *Lieut. col.*
Ladeveze . . . . }

94. Ci-devant R. HESSE-DARMSTADT. *A Mézieres.*

Colonel.
Roques . . . . } *Lieut. col.*
Hamilton . . . . }

95. SALIS. *A Corté.*

Salis-Marschlins . . . . *Colonel.*
Salis-Soglio . . . . *Lieut. col.*
Michel . . . . *Major.*

96. Ci-devant NASSAU. *A Besançon.*

Schavembourg . . . . *Colonel.*
Reubel . . . . } *Lieut. col.*
Lovaria . . . . }

97. STEINER. *A Grenoble.*

Steiner . . . . *Colonel.*
Hirzel . . . . *Lieut. col.*
Orelly . . . . *Major.*

98. Ci-devant BOUILLON. *A Sédan.*

Ihler . . . . *Colonel.*
Le Claire . . . . } *Lieut. col.*
Brauer . . . . }

99. Ci-dev. R. DEUX-PONTS. *A Metz.*

De Prez . . . . *Colonel.*
Wisch . . . . } *Lieut. col.*
Wimpffen . . . . }

100. Ci-dev. REINACH. *A Maubeuge.*

Messieurs,

Reinach .... *Colonel.*
Grandwillers .... *Lieut. col.*
Klockler .... *Major.*

101. Ci-dev. R. LIÉGEOIS. *A Strasbourg.*

Simes .... *Colonel.*
Liedekerke .... } *Lieut. col.*
Vanhelden .... }

102. *A Paris.*

Charton .... *Colonel.*
Châteauthierry .... } *Lieut. col.*
Vilot .... }

103. *A Paris.*

D'Arblay .... *Colonel.*
Maupertuis .... } *Lieut. col.*
Joly .... }

104. *A Paris.*

Lacombe .... *Colonel.*
Dubouzet .... } *Lieut. col.*
Poissonnier .... }

105. *A Besançon.*

Charton .... *Colonel.*
Prouvay .... } *Lieut. col.*

INFANTERIE LÉGÈRE.

1. Ci-devant R. DE PROVENCE.
Aux Antibes.

Messieurs,

Comeiras .... } *Lieut. col.*
Giacomoni .... }

2. Ci-devant ROYAL DU DAUPHINÉ.
A Orange.

De Lesser .... } *Lieut. col.*
De Fontenille .... }

3. Ci-devant R. CORSE. *A Courthézon.*

Baciochi .... } *Lieut. col.*
Giovani .... }

4. Ci-devant CORSE. *A Montpellier.*

Hyacinthe Rossi .... } *Lieut. col.*
Sansonetti .... }

5. Ci-devant CANTABRES. *A Saint-Jean-Pied-de-Port.*

Dubalay .... } *Lieut. col.*
Delalain .... }

6. Ci-devant BRETON. *A Strasbourg.*

D'Aymonet .... } *Lieut. col.*
O-Meara .... }

7. Ci-dev. D'AUVERGNE. *A Strasbourg.*

Desforest .... } *Lieut. col.*
Destournelles .... }

8. Ci-devant DES VOSGES. *A Lunel.*

Messieurs,

Staack .... } *Lieut. col.*
Laas .... }

9. Ci-devant DES CEVENNES. *A Metz.*

Villionne .... } *Lieut. col.*
Segond .... }

10. Ci-dev. DU GÉVAUDAN. *A Maubeuge.*

Bazelaire .... } *Lieut. col.*
Guyon de Quigny .... }

11. Ci-dev. DES ARDENNES. *A Lorgues.*

Becdelièvre .... } *Lieut. col.*
Fontenille .... }

12. Ci-dev. DE ROUSSILLON. *A Perpignan.*

Saillans .... } *Lieut. col.*
Comerere .... }

13. *A Paris.*

S. Vincent .... } *Lieut. col.*
La Crespiniere .... }

14. *A Paris.*

Qneyssac .... } *Lieut. col.*
Haquin .... }

CAVALERIE.

CARABINIERS.

Messieurs,

Premier Régiment. *A Strasbourg.*

	Colonel.
De Courtivron	*Lieut. col.*

Second Régiment. *A Strasbourg.*

De Bernes	*Colonel.*
Raincourt	*Lieut. col.*
Violaine	

---

1. Ci-dev. COLONEL-GÉNÉRAL. *A Lille.*

Messieurs,

	Colonel.
Pierrepont	*Lieut. col.*
De Rey	

2. Ci-devant ROYAL. *A Landau.*

	Colonel.
Sarcus..	*Lieut. col.*

3. Ci-dev. COMMISS. GÉN. *A Maubeuge.*

Montcanisy	*Colonel.*
Béru	*Lieut. col.*
Du Flers	

4. Ci-devant LA REINE. *A Ruffack.*

	Colonel.
D'Espiés	*Lieut. col.*
Soulages	

5. Ci-devant R. POLOGNE. *A Agen.*

Messieurs,

De Neuilly . . . . *Colonel.*
Charles Menou. . . . . } *Lieut. col.*
Desperieres. . . . . }

6. Ci-devant DU ROI. *A Guise.*

Beaurecueil . . . . *Colonel.*
Meſinville . . . . } *Lieut. col.*

7. Ci-devant R. ÉTRANGER. *A Dôle.*

Villoutreys. . . . . *Colonel.*
Messey. . . . . } *Lieut. col.*

8. Ci-devant CUIRASSIERS. *A Arras.*

Charles Lameth. . . . . *Colonel.*
Deserre . . . . } *Lieut. col.*
Raullin. . . . . }

9. Ci-devant ARTOIS. *A Haguenau.*

Bourbon Busse t. . . . . *Colonel.*
Carneville . . . . } *Lieut. col.*
Antoine. . . . . }

10. Ci-devant R. CRAVATES. *A Hesdin.*

Valentinois. . . . . *Colonel.*
Pully . . . . } *Lieut. col.*
Tourmeliere. . . . . }

11. Ci-dev. R. ROUSSILLON. *A Saumur.*

Lardemelle. . . . . *Colonel.*
Gironde . . . . } *Lieut. col.*
Dumeilet . . . . }

12. Ci-devant DAUPHIN. *A Gray.*

Messieurs,

Valéry . . . . *Colonel.*
Tauzia . . . . } *Lieut. col.*
Chastel . . . . }

13. Ci-devant ORLÉANS. *A Béthune.*

Gibon . . . . *Colonel.*
Guerpel . . . . } *Lieut. col.*
Nettancourt . . . . }

14. Ci-dev. R. PIÉMONT. *A Colmar.*

La Farelle . . . . *Colonel.*
Dayat . . . . } *Lieut. col.*
Beaurevoir . . . . }

15. Ci-devant R. ALLEMAND. *A Metz.*

Mandell . . . . *Colonel.*
Chollet . . . . } *Lieut. col.*
Lindenbaum . . . . }

16. Ci-devant R. LORRAINE. *A Mouzon.*

Thumery . . . . *Colonel.*
Fontete . . . . } *Lieut. col.*

17. Ci-devant R. BOURGOGNE. *A Rouen.*

Brunville . . . . *Colonel.*
Boideffre . . . . } *Lieut. col.*

18. Ci-devant BERRY. *A Milan.*

Le Candre . . . . *Colonel.*
Prisye . . . . } *Lieut. col.*
D'Ecragnolle . . . . }

19. Ci-devant R. NORMANDIE. *A Vezoul.*

Messieurs,

Lachaise .... *Colonel.*
Lavarenne .... } *Lieut. col.*
Lesmondant .... }

20. Ci-dev. R. CHAMPAGNE. *A Falaise.*

Fournèz .... *Colonel.*
Lostande.................... } *Lieut. col.*
Mazeliere .... }

21. Ci-devant R. PICARDIE. *A Rocroy.*

De Gras .... *Colonel.*
S. Cren..................... } *Lieut. col.*
Bancenel .... }

22. Ci-devant R. NAVARRE. *A Besançon.*

Crussol..................... *Colonel.*
Sainte-Croix .... } *Lieut. col.*
Le Moyne.................... }

23. Ci-dev. R. GUYENNE. *A Bouquenom.*

Tonnerre .... *Colonel.*
Hauboutet .... } *Lieut. col.*
Gondonin .... }

24. *A Vaucouleurs.*

Colonel.
Fajac....................... } *Lieut. col.*
Bassignac .... }

HUSSARDS.

1. Ci-devant BERCHENY. *A Sarrelouis.*

Messieurs,

Géorger .... *Colonel.*
Baudinot .... } *Lieut. col.*
D'Oberlin .... }

2. Ci-dev. CHAMBORANT. *A Nancy.*

Malzan .... *Colonel.*
Stengel .... } *Lieut. col.*
Fronhofer .... }

3. Ci-devant ESTERHAZY. *A Cambrai.*

Salm-Kirbourg .... *Colonel.*
Froissy .... } *Lieut. col.*
Lochner .... }

4. Ci-devant SAXE. *A Sarguemines.*

Gottesheim .... *Colonel.*
Wardener .... } *Lieut. col.*
Flamerding .... }

5. Ci-dev. COL. GÉNÉRAL. *A Douai.*

Lamarche .... *Colonel.*
Mieszkowski .... } *Lieut. col.*
De Ligne .... }

6. Ci-devant LAUZUN. *A St-Avold.*

Pestallozzi .... *Colonel.*
Badda .... } *Lieut. col.*
Cazenove .... }

DRAGONS.

1. Ci-devant ROYAL. *A Haguenau.*

Messieurs,

Murarel .... *Colonel.*
Tolozan .... } *Lieut. col.*

2. Ci-devant CONDÉ. *A Verdun.*

Franç. Jaucourt .... *Colonel.*
Fregeville .... }
Girval....................... } *Lieut. col.*

3. Ci-devant BOURBON. *A Ardres.*

D'Hangest .... *Colonel.*
Monnet .... }
Recoing .... } *Lieut. col.*

4. Ci-dev. CONTI. *A Pont-à-Mousson.*

Migot....................... *Colonel.*
De Landre .... }
Lacoste..................... } *Lieut. col.*

5. Ci-dev. COL. GÉNÉRAL. *A Landrecy.*

Charton .... *Colonel.*
Cambon...................... }
Dampierre .... } *Lieut. col.*

6. Ci-devant LA REINE. *A Douai.*

Gouy d'Arcy................. *Colonel.*
D'Esquelbecq .... } *Lieut. col.*

7. Ci-devant DAUPHIN. *A Thionville.*

Messieurs,

Revigliasc . . . . *Colonel.*
Duverger . . . . } *Lieut. col.*
S. Marsault . . . . }

8. Ci-devant PENTIÈVRE. *A Tarascon.*

Colonel.
Dubouzet . . . . } *Lieut. col.*
Courtoux . . . . }

9. Ci-devant LORRAINE. *A Avignon.*

Dutrésor . . . . *Colonel.*
Gibert . . . . } *Lieut. col.*
Dampmartin . . . . }

10. Ci-devant MES. DE CAMP GÉN. *A Charleville.*

Estresses . . . . *Colonel.*
De Cordoue . . . . } *Lieut. col.*
Bonnechose . . . . }

11. Ci-dev. ANGOULÊME. *A Huningue.*

Montigny . . . . *Colonel.*
Lahitte . . . . } *Lieut. col.*

12. Ci-devant ARTOIS. *A Stenay.*

De Hinx . . . . *Colonel.*
Travanet . . . . } *Lieut. col.*
Cadignan . . . . }

13. Ci-devant MONSIEUR. *A Toul.*

Malvoisin . . . . *Colonel.*
Ferré . . . . } *Lieut. col.*
Du Busquet . . . . }

14. Ci-devant DE CHARTRES.
A Valenciennes.

Messieurs,

De Chartres .... *Colonel.*
Valabris .... } *Lieut. col.*
Sahuguet .... }

15. Ci-devant NOAILLES. *A Revel.*

Romanet .... *Colonel.*
Labarre .... } *Lieut. col.*
Jauge .... }

16. Ci-devant ORLÉANS. *A Rennes.*

Du Petit-Bois .... *Colonel.*
Beffroy .... } *Lieut. col.*
Maynaud .... }

17. Ci-dev. SCHONBERG. *A Valenciennes.*

Prilly .... *Colonel.*
Lefort .... } *Lieut. col.*
Landremont .... }

18. Ci-devant DU ROI. *A Narbonne.*

Courtais .... *Colonel.*
Lalande .... } *Lieut. col.*

RÉGIMENS DE CHASSEURS.

1. Ci-devant D'ALSACE. *A Sedan.*

Messieurs,

Colonel.

Paige .... } *Lieut. col.*

2. Ci-dev. DES ÉVÊCHES. *Au Fort-Louis.*

Messieurs,

Meillonas . . . . *Colonel.*
Constard. . . . . } *Lieut. col.*
Langlais . . . . }

3. Ci-devant DE FLANDRES. *A Metz.*

Latour-Maubourg . . . . *Colonel.*
Latour-Maubourg . . . . } *Lieut. col.*
Colomb . . . . }

4. Ci-devant FR. COMTÉ. *A Béfort.*

Colonel.
Bionneau. . . . . } *Lieut. col.*
Cadignan. . . . . }

5. Ci-devant HAINAULT. *A Amiens.*

Lameth. . . . . *Colonel.*
Monard . . . . } *Lieut. col.*
Dabancourt. . . . . }

6. Ci-devant LANGUEDOC. *A Aire.*

Castellane . . . . *Colonel.*
Fresnel . . . . } *Lieut. col.*
Pierrelevée . . . . }

7. Ci-devant PICARDIE. *A Schelestat.*

D'Aiguillon. . . . . *Colonel.*
Lamure . . . . } *Lieut. col.*
Schedelinski . . . . }

8. Ci-devant GUIENNE. *A Neuf-Brissac.*

Berruyer. . . . . *Colonel.*
Marchal. . . . . } *Lieut. col.*

9. Ci-dev. LORRAINE. *A Rambouillet.*

Messieurs,

La Barroliere . . . . *Colonel.*
Buffon . . . . } *Lieut. col.*
La Blache . . . . }

10. Ci-devant BRETAGNE. *A Lyon.*

Duchatelet . . . . *Colonel.*
D'Elbée. . . . . } *Lieut. col.*
Labreteigniere. . . . . . . }

11. Ci-dev. NORMANDIE. *A Philippeville.*

Lallemand . . . . *Colonel.*
Chateauthébault . . . . . . } *Lieut. col.*

12. Ci-devant CHAMPAGNE. *A Toul.*

Menou . . . . *Colonel.*
Legras . . . . } *Lieut. col.*
Grouchy . . . . }

COMMISSAIRES DES GUERRES.

PREMIÈRE DIVISION FORMANT DEUX SUBDIVISIONS.

Première Subdivision.

Messieurs, Résidence.

Malus, *Ordonnat.* . } *Lille.*
Veron, *auditeur.* . . }
Olivier . . . . }
Cuiroux . . . . }

Messieurs.	Résidence.
Briaucourt.	*Dunkerque.*
Staplande	*Bergues.*
Chalons	*Douai.*
Mainebeau.	

Deuxième Subdivision de la première Division.

Morlet, *Ordonnat.* .	*Valenciennes.*
Peltier. . . , ...	
Grandsart	
Pasdeloup	*Cambrai.*
Barneville	*Maubeuge.*
Saussaye.	*Le Quesnoi.*
Poitevin la Motte . .	*Laon.*
Lnuyt de Ste-Foix . .	*La Fère.*

SECONDE DIVISION.

Crancé, *Ordonnat.* .	*Mezières.*
Denys, *auditeur* . .	
La Monblainerie. . .	
Wasservas.	*Givet.*
Mayeux	*Sedan.*
Colinet la Salle. . . .	*Châlons.*
Moreau	*Montmédy.*
Pichon.	*Verdun.*
Dujard Fléville. . . .	*Bar-le-Duc.*

TROISIÈME DIVISION.

La Salle, *Ordonnat* .	*Metz.*
Lemonier, *auditeur*.	
Gironville.	
Tisset la Motte. . . .	

Messieurs.	Résidence.
Blouquier	*Longwy.*
Lavoute	*Thionville.*
Vieville	*Sarrelouis.*
Yzarn	*Sarguemines.*

QUATRIÈME DIVISION.

D'Alency, *Ordonnat*.	*Nancy.*
Valcourt, *auditeur*.	*Nancy.*
Dumast.	*Nancy.*
Potier	*Toul.*
Sutaine	*Lunéville.*
Buhot	*Phalzbourg.*
D'Espiés.	*Epinal.*

CINQUIÈME DIVISION FORMANT DEUX SUBDIVISIONS.

Première Subdivision.

Villemanzy, *Ord*. . .	*Strasbourg.*
Brunck, *auditeur*. .	*Strasbourg.*
Thierry	*Strasbourg.*
Guillemart	*Strasbourg.*
Schiellé	*Landau.*
Gleze	*Weissembourg.*
D'Amesme	*Haguenau.*
Mareschal.	*Schelestat.*

Deuxieme Subdivision de la cinquième Division.

Zaiguelius.	*Neuf-Brissac.*
Courcelles	*Huningue.*
Noblat	*Béfort.*

SIXIÈME DIVISION.

Messieurs.	Résidence.
Prieur, *Ordonnateur.*	*Besançon.*
Baudouin, *auditeur* .	
Blanchard Villers . . .	
Duledo	
Bourgeois	*Vézoul.*
Duffedend	*Long-le-Saunier.*
Cara S. Cyr	*Bourg.*

SEPTIÈME DIVISION.

Fontenay, *Ordonn.* . .	*Grenoble.*
Teyssere, *auditeur* .	
Michelet du Parc . . .	
De Sucy	*Valence.*
Aman	*Montelimart.*
Des Guers	*Briançon.*
Gosselin	*Digne.*

HUITIÈME DIVISION.

Roussiere, *Ordonn* .	*Toulon.*
Robineau, *auditeur* .	
Du Candoir	
Essautier	*Antibes.*
Dudemaine	*Marseille.*
Drolenveaux	*Aix.*
D'Esclans	*Avignon.*

NEUVIÈME DIVISION.

Ord. . . .	*Montpellier.*
Farconnet, *auditeur.*	
Bonnemain	

Messieurs.	Résidence.
De Cressy	*Privas.*
De Morlaincourt ...	*Nîmes.*
Ysarn, *père*	*Castres.*
Doazan	*Mende.*
Catus	*Rhodez.*

DIXIÈME DIVISION.

Boileau, *Ordonn*...	*Perpignan.*
La Serre, *auditeur*.	
Lachapelle	
Doreil............	*Villefranche.*
Pomiés	*Foix.*
Claverie	*Carcassone.*
Perot	*Toulouse.*
Laubarède	*Auch.*
Clément d'Ervillé...	*Tarbes.*

ONZIÈME DIVISION.

Pontet, *Ordonnat* ..	*Bordeaux.*
Beauvallon, *audit* ..	
Varé.............	
Vanduffel	*Bayonne.*

DOUZIÈME DIVISION.

Belonde, *Ordon*....	*La Rochelle.*
Naudin. *auditeur* ..	
La Martellière	
Chancelle	*S. Jean-d'Angely.*
Houvet de Secouet..	*Rochefort.*
Faverolles.........	*Niort.*
Marchand.........	*Fontenay.*
Drugue	*Nantes.*

TREIZIÈME DIVISION.

Messieurs.	Résidence.
Petiet, *Ordonn*	*Rennes.*
Tuffin-Breuil, *aud.* ..	
Lacroix...........	
Senaut	*Vannes.*
Doizon...........	*L'Orient.*
Bruno d'Aru	*Brest.*
Marigner	*Quimper.*
De Klivio	*Saint-Brieux.*

QUATORZIÈME DIVISION.

Moncarville, *Ord.* ..	*Caen.*
Jujardy, *auditeur* ..	
Lavechef-Duparc ...	
Claverie-S.-Philip ..	*Coutance.*
Viani	*Cherbourg.*
Feraud	*Alençon.*
La Pature	*Évreux.*

QUINZIÈME DIVISION.

Dutertre, *Ordonn* ..	*Rouen.*
David, *auditeur* ...	
Villiers	
Agobert	*Le Hâvre.*
Cailly.............	*Amiens.*

SEIZIÈME DIVISION.

Blanchard, *Ordon.* ..	*Arras.*
Boiscler, *audit.* ...	
Manchon	
Raismes d'Ezery....	*Béthune.*

Messieurs.	Résidence.
Lombard	*Saint-Omer.*
Lethier...........	*Calais.*
Vaudricourt	*Hesdin.*

DIX-SEPTIÈME DIVISION.

Capet, *Ordonnat*...	*Paris.*
Lasaulsaye, *audit*..	*Paris.*
Mabille	*Paris.*
Guy	*Paris.*
Rolland	*Paris.*
Renard	*Paris.*
De Chesnel	*Beauvais.*
Avrange Kermont...	*Versailles.*
Collet	*Melun.*
Chandeau.........	*Orléans.*
Lamolère	*Chartres.*

DIX-HUITIÈME DIVISION.

P. d'Herville, *Ord*..	*Troyes.*
De Wall, *auditeur*.	*Troyes.*
Huguier	*Troyes.*
Menu Chomorceau..	*Auxerre.*
Seigneur..........	*Nevers.*
Musigny	*Mâcon.*
Géant............	*Auxonne.*
Fleury	*Chaumont.*

DIX-NEUVIÈME DIVISION.

Millin, *Ordon*....	*Lyon.*
Derly, *audit*.	*Lyon.*
De Launay	*Lyon.*

Messieurs. Résidence.

Pillet .... *Le Puy.*
Flotte .... *Saint-Flour.*
Desaix Veignoux ... *Clermont.*

VINGTIÈME DIVISION.

Ordon.
Pascalis, *auditeur*.. *Montauban.*
Petigny S. Romain .. *Agen.*
Soubran .... *Périgueux.*
Corcelles .... *Angoulême.*
Marentin .... *Tulles.*

VINGT-UNIÈME DIVISION.

De Vareilles, *Ord* .. } *Poitiers.*
Gondot, *auditeur*.. }
Le Roux.......... }
Rochebrune .... *Limoges.*
Charamont........ *Guèret.*
Puimorin .... *Moulins.*
Richard .... *Bourges.*
Emmery .... *Châteauroux.*

VINGT-DEUXIÈME DIVISION.

Lagrave, *Ordonn*... } *Tours.*
Marigny, *auditeur*. }
D'Arlu de Roissy ... }
Gassaud .... *Blois.*
Chupiet .... *Angers.*
Barthelemy .... *Laval.*
Piot .... *Le Mans.*

VINGT-

VINGT-TROISIÈME DIVISION.

Messieurs.	Résidence.
Jadard, *Ordon*.......	*Bastia.*
De Raynan, *Audit*.	*Bastia.*
Defavieres	*Bastia.*
Lajallet...........	*Corté.*
Despuisarts........	*Ajaccio.*

***DÉNOMINATION** et emplacement des Bataillons de **GARDES NATIONALES** volontaires.*

BATAILLONS.	*Emplacemens.*
Ain (l')...........	Bourg-en-Bresse.
Aisne (l')	Cateau-Cambr. Lens. Hennin. Saint-Quentin.
Allier (l')	Epernay.
Ardennes	Etain. Sarguemines. Verdun.
Aube	Carvin. Epinay.
Aude	Dans le Département.
Bas-Rhin	Landau.
Basses-Alpes.......	Digne.
Basses-Pyrénées	Pau.

Bataillons.	Emplacemens.
Bouches du Rhône . .	Aubane. Salon.
Calvados	Carentan. Saint-Lô.
Charente	Clerm.-Beauv. Chât.-Thierry.
Charente inférieure . .	Fouras. Marennes.
Cher	Cornicy.
Corrèze	P.-S.-Maxence.
Côte-d'Or	Reims.
Côtes du Nord	Dans le département.
Creuse (la)	Courtizole.
Doubs	Beffort. Frontières de Porentruy.
Drôme	Valence. Cavaillon. Montélimart.
Eure	Pont-audemer. Honfleur.
Eure et Loire. . .	Reims.
Finistère	Quimper. Morlaix.
Gard	Le S. Esprit. Nîmes. Saint-Gilles.
Gironde	Château-Trompette. La Riole. Libourne. Bourg. Langon. Pavillac.

BATAILLONS.	*Emplacemens.*
Haut-Rhin . . .	Schélestat. Thann. Neuf-Brisack. Sultz. Ribeauviller.
Haute-Marne . .	Vouziers.
Haute-Saône. . .	Delle. Huningue. Strasbourg. Colmar.
Haute-Vienne . .	Villers-Coteret.
Hérault (l'). . .	Mélize.
Ille et Vilaine . .	Fougères. Dinan.
Indre.	Châlons.
Indre et Loire . .	Braisne.
Jura	Lauterbourg. Beffort.
Landes (les). . .	Dax. Mont-de-Marsan.
Loir et Cher. . .	Coucy-la-Ville.
Loire inférieure . .	Châtillon. Mortagne. Châteigneraye.
Loiret	Rhétel.
Manche (la). . .	Dol. Valogne.
Marne	Stenay.
Mayenne.	Grandville.
Mayenne et Loire .	Guérande. Blain.

BATAILLONS.	*Emplacemens.*
Meurthe.	Metz. Longwy. Marville. Saint-Jean. Nancy.
Meuse (la). . . .	Charleville. Montmédy. Rocroy. Dun.
Morbihan (le) . .	Dans le département.
Moselle (la) . .	Longwy. Damvillers. Longuyon.
Nord (le) . . .	Lille. Bouchain. Gravelines.
Nyèvre	Soissons.
Oise (l') . . .	Landrecy. Aire. La Capelle. Bouchain.
Oise et Marne . .	Givet. Charlemont. Donchery. Rozoy.
Orne (l') . . .	Pol. Frévent. La Fère. Noyon.
Paris.	Bapaume. Marchiennes. Laon.

BATAILLONS.	*Emplacemens.*
Pas-de-Calais . .	Calais. Saint-Omer. Arras.
Puy-de-Dôme . .	Pont-d'Ain.
Rhône et Loire . .	Nantua. Châtillon. Saint-Denis. Saint-Rambert. Dans le département.
Saône et Loire . .	Dans le départem. de l'Ain.
Sarthe (la). . . .	Chauny.
Seine et Marne . .	Sainte-Ménehould. Maubeuge.
Seine et Oise. . .	La Bassée. Péronne. Crespy en Laonnois. Roye.
Seine inférieure . .	Amiens.
Sèvres (les deux) .	Saint-Maixent. Fontenay-le-Comte.
Somme (la). . .	Montreuil. Gravelines. Hesdin. Lille.
Var (le)	Brignolles. Vence. Cannes.
Vienne	Compiegne.
Vosges (les) . .	Obernheim. Molsheim. Saverne. Bouxveilher.

BATAILLONS.	*Emplacemens.*
Yonne (l'). . . .	Vervins. Dormans.

Fin de l'État Militaire.

TABLE DES DÉCRETS

Contenus dans le Code Militaire.

Code de l'armée de Mer.

Fin du cinquième Volume.

Le sixième et dernier paroîtra incessamment, où on y joindra une table générale.

Le même Libraire a sous presse la collection des décrets de l'assemblée constituante, par ordre de matières, dont il en paroît 4 vol., 18 liv. franc de port pour la province; les 4 vol. sont, le Code Judiciaire, 2 vol. complets; le Code Ecclésiastique, 1 vol., le second sous presse; les Pouvoirs législatifs, exécutifs & administratifs, 1 vol., 2 et 3 sous presse, le format est in-8°. et l'art typographyque très-bien exécuté.

On trouve aussi la collection des Travaux de Mirabeau à l'assemblée, 5 vol., 20 liv. pour la province, franc de port. Nouvelle Géographie de France, avec la carte générale, deuxième édition, 1 vol., 3 liv. 12 sols franc de port.

Lettre originale, écrite du donjon de Vincennes, par Mirabeau; 4 vol., 18 liv. franc de port pour la province.